LES SACRIFICES DE L'AMOUR.

SECONDE PARTIE.

LES SACRIFICES

DE L'AMOUR,

OU

LETTRES

DE LA VICOMTESSE

DE SENANGES,

ET DU CHEVALIER

DE VERSENAI.

SUIVIES

DE SYLVIE ET MOLÉSHOFF.

NOUVELLE ÉDITION.

SECONDE PARTIE.

A AMSTERDAM,

Et se trouve à PARIS,

Chez DELALAIN, Libraire, rue de la Comédie Françoise.

M. DCC. LXXII.

LETTRES

DE LA VICOMTESSE

DE SENANGES,

ET DU CHEVALIER

DE VERSENAI.

LETTRE I.

De Mad. de Senanges au Chevalier.

JE doute si je veille... j'ouvre des yeux presqu'éteints par les larmes ; je les referme avec effroi : je voudrois me dérober au jour, il m'est horrible ; il n'éclaire plus que mon déshonneur, ou plutôt le vôtre ; vous que j'abhorre,

II. Partie   A

aujourd'hui, qui êtes-vous ? Je ne vous connois plus... que dis-je ! mon malheur est de vous connoître, de vous haïr.... sur-tout de vous mépriser.... Quoi, je m'étois avilie jusqu'à t'aimer, jusqu'à t'en faire l'aveu ! je t'en croyois digne ; & cette erreur que tu m'arraches, que tu as eu la barbarie de m'arracher, hélas ! je la regrette... elle ne peut renaître. Vous n'excitez plus en moi que de la colere, de l'indignation, je dirois de la pitié, si vous étiez susceptible de remords : mais celui qui voulut abuser de mon sommeil, qui put ne pas respecter l'asyle de l'innocence, & le cœur qui s'étoit confié à lui, n'est pas fait pour le repentir. Jouissez des pleurs que vous me coûtez, de mon désespoir & de ma honte. Moi, de la honte ! je n'en ai que pour vous....... je suis pure à mes yeux ; ma vertu est toute entiere, je l'ai conservée au milieu de vos transports : vous êtes le seul coupable, le seul à plaindre.

Ah! que ne puis-je, au prix de ma vie, effacer de la vôtre l'instant qui vous dégrade! Je vais partir; le séjour que vous habitez m'est odieux; votre présence me seroit insupportable. Je ne puis vous fuir trop tôt; je ne serai jamais assez loin de vous. Que j'aimerai les lieux où l'on ne vous connoît pas, où l'on est assez heureux pour ne pas vous connoître; où je n'entendrai pas prononcer votre nom!... j'y retrouverai le bonheur.... Que dis-je? il n'en est plus pour moi; il ne peut rentrer dans le cœur d'où vous êtes sorti. Je pleurerai toujours mon sentiment, l'opinion que vous m'avez forcé de perdre; &, si je vous pleurois, vous! ce seroit le comble de mes maux.... Je me défie de la haine que j'ai pour toi; serois-je assez infortunée, pour t'aimer encore? Quel empire vous aviez sur l'ame que vous venez de déchirer! Le ciel me punit; vous m'étiez plus que tout, plus que lui-même. Combien j'en rougis ! ne me répondez point ; accordez - moi cette derniere grace. Je sentirai le tourment de vous avoir une obligation ; mais il faut m'y soumettre : eh ! que ne vous dois-je pas ? Vous m'avez éclairée, vous me rendez à moi-même : mon ressentiment s'affoiblit , mon amour expire. . . . . Je suis tranquille. . . . je vous pardonne.

LETTRE II.

Du Chevalier, à Mad. de Senanges.

Vous avez trouvé le secret d'a-
jouter à l'horreur de ma situation. Je
m'attendois à des reproches; plus ils
sont cruels, plus ils m'ont semblé
doux; mon cœur les imploroit, il sou-
haitoit que votre propre main déchirât
sa blessure. Coupable d'un crime en-
vers vous, profanateur de la vertu
même, j'avois besoin de votre courroux; mais le calme qui lui succéde,
votre affreuse tranquillité, votre froid
pardon, sont des rafinemens de vengeance que je n'imaginois pas. J'aime mieux votre haine, que de vous
voir, un seul moment, insensible à
mes torts, que dis-je? à mes forfaits.
C'en est un d'avoir passé la nuit chez
vous, sans que vous le sçussiez, & de
vous avoir exposée à tous les soup-

A iij

çons qu'entraînoit une pareille imprudence ; c'en est un autre d'avoir
forcé votre asyle ; l'audace qui suivit ,
les réunit tous, & vous êtes paisible !
& c'est moi qui suis obligé d'exciter
votre ressentiment ! Ah ! vous êtes
plus barbare que vous ne croyez l'ê-
tre. Vous me méprisez, dites-vous !...
non, non ; vous ne me méprisez pas.
Le délire des sens n'est point une
bassesse du cœur. Je n'ai point eu de
projet, je le jure, à vos pieds : je peux
manquer de raison, jamais de vertu ;
l'homme honnête ne s'en écarte un
instant que pour y revenir avec plus
d'ardeur. Pouvois-je donc être insensible à la vue de tant de charmes ?...
ils m'ont perdu, ils me justifient ; où
m'égaré-je encore ? ô vous, l'arbître
de ma vie, ô vous, mon juge suprême, excusez un transport que mon
cœur dément. Il est loin de s'absou-
dre, ce cœur qui vous adore , qui
vous a offensée, & qui ne se plaint de

rien, que de n'être pas assez puni. Si vous daignez encore me voir, la pâleur de mon front, l'abondance de mes larmes, le remords vrai qui me tourmente, tout vous prouvera trop, à quel point je m'accuse, combien mon supplice me semble mérité.... Est-il vrai? vous allez partir? vous? je ne vous verrois plus? gardez-vous d'accomplir cette résolution ; craignez un amant que l'amour rendit insensé, & qui le deviendroit encore plus par le désespoir... je ne sais où je suis... je frémis, je pleure, & crains tout... Est-il un desert, une rive sauvage, un antre inhabité où je ne vous suivisse. La terre a-t-elle une solitude où je n'allasse vous chercher? Après le crime qu'elle m'a fait commettre, ma passion est capable de tout ; elle croît parmi mes torts, mes regrets, mes sanglots. Vous voir ou mourir, voilà le vœu, voila le cri de mon

A iv

cœur; il doit retentir dans le vôtre.
Vous me défendez de vous écrire ;
peut-être vous ne me répondrez pas !
cette idée m'accable; je frissonne; je
ne puis achever... Adieu , cruelle.

LETTRE III.

Du Baron au Chevalier.

Laissez-moi, ne m'écrivez plus ; qu'ai-je besoin de vos confidences ? J'aimois à vous croire supérieur même à l'opinion que j'avois de vous ; j'embrassois cette chimere. Si vous ne suiviez pas tous mes conseils, au moins vous en connoissiez le prix, & j'étois consolé de l'excès de votre passion, par la délicatesse que je supposois dans vos sentimens. Aujourd'hui, qu'ai-je à espérer, qu'ai-je à vous dire ? Si l'amour n'est pas plus pur ni plus noble dans votre cœur que dans un autre, êtes-vous digne encore de l'amitié ? vous manquez à tout, en blessant cet amour, qui devoit être en vous le gage de toutes les vertus. Vous insultez à la plus respectable des femmes, vous affligez votre ami

& le sien; vous vous fermez le cœur de tous deux, & vous n'osez rentrer dans le vôtre. Le voilà, cet héroïsme, dont vous étiez si vain! Il enflammoit votre tête, sans échauffer votre ame. O ma vertueuse amie, j'étois bien inspiré, quand je voulois vous précautionner contre des soins perfides, & vous détourner d'un piége couvert de fleurs! Combien vous devez pleurer, en vous rappellant ma derniere lettre! Je pleurois en l'écrivant; il sembloit que je prévisse l'outrage qu'un ingrat vous réservoit.

Falloit-il choisir Madame de Senanges, pour la rendre le jouet de vos desirs effrénés, & la victime de votre emportement? Vous n'aviez point de projet!... la belle excuse! si vous en aviez été capable, je ne daignerois pas vous montrer de la colere; vous seriez vil, & je me défendrois de prononcer jusqu'à votre nom. Je n'ai jamais été un moraliste chagrin; mais je suis inexorable sur les foiblesses qui attaquent le bonheur d'un être & la probité d'un autre. Si Madame de Senanges étoit une femme ordinaire, je vous blâmerois, parce que l'abus de la confiance est toujours condamnable ; mais vous n'auriez affaire qu'à mon esprit ; mon cœur ne seroit point affecté...... il l'est plus que je ne puis vous le dire. Quelle femme vous rendez malheureuse ! Songez donc à ses combats, à ses peines, à tout ce qu'elle a souffert avant l'aveu, au repentir qui l'a suivi. Pour comble de maux, vous la forcez à vous haïr, quand elle commençoit à attendre son bonheur du plaisir de vous aimer.

Je ne m'arrêterai point sur cette image ; je deviendrois dur, je ne veux être que vrai. Si mon ton vous déplaît, vous êtes perdu. Ressouvenez-vous de ma liaison intime avec votre pere ; ses dernieres paroles furent pour me recommander son fils ; & c'est

dans son cœur expirant que j'ai déposé le serment de l'amitié. J'ai suivi
avec complaisance les progrès de votre éducation ; mais c'est pour votre
début dans le monde, que j'ai gardé
mon zele. J'ai rempli jusqu'ici, & je
remplirai jusqu'à la mort, les enga-
gemens que j'ai pris ; seriez - vous jamais assez vicieux , pour me forcer
au parjure ?

Votre lettre m'a indigné d'abord ;
elle a fini par me toucher , parce que je
vous estime encore assez pour vous
croire très à plaindre. Il est question
maintenant de réparer. Il faut que
Madame de Senanges puisse estimer ,
un jour , l'être qui fut un moment mé-
prisable à ses yeux. Qu'elle retrouve
un amant digne d'elle , & vous êtes
sûr alors de retrouver un ami.

LETTRE IV.

Du Chevalier, au Baron.

JE vous ai fait l'aveu de ma faute, quand je pouvois vous la taire, & qui ne craint point de s'humilier devant son ami, est digne de le conserver. Le ton de votre lettre m'a affligé, & c'étoit, je crois, votre intention ; mais il ne m'a point aigri. Je sais tous les droits que vous avez sur mon cœur ; & le premier, à mes yeux, c'est cet attrait indépendant, cette pente si douce, cette sympathie qui indique à une ame celle qui lui convient le plus, pour recevoir les épanchemens de ses plaisirs, de ses peines, même de ses foiblesses. Toute autre considération m'auroit maintenu dans le respect, & n'eût jamais arraché de moi les tendres preuves de l'amitié. Vous êtes l'ami de mon choix, & non des cir-

constances. Plaignez-moi, ne m'accablez pas ; je me meurs, je voudrois
n'être plus, je n'ai plus rien à attendre, rien à espérer ; le présent me tue,
& je saurai bien abréger l'intervalle
qui le sépare de l'avenir..... elle ne
m'écrit point, elle ne me répond
point, elle refuse de lire mes lettres ;
voilà tout ce que je vois, ce que je
sens. Ne me demandez pas un courage impossible. La cruelle ! est - elle
assez vengée ? Sa barbarie est au point,
qu'elle me fait paroître moins criminel. Qu'ai-je donc fait, ô ciel ! qu'o-
béir à l'amour, au délire, au plus doux
penchant de la nature ? Vous-même,
à ma place, auriez-vous pu vous con-
tenir dans les bornes d'une froide
modération ? Tout ce que la beauté
a de séduisant s'offroit à moi ; je
croyois m'entendre nommer par Madame de Senanges ; tous ses mouvemens développoient à mes regards
une foule de charmes........ & mes

yeux & ma bouche ne les auroient pas dévorés ! Une intelligence céleste eût alors retrouvé des sens, elle eût renoncé à la perfection de son essence, pour le plaisir de devenir coupable....

Eh quoi ! son premier regard ne m'a-t-il pas arrêté ! A travers l'égarement de mes desirs, mon cœur n'a-t-il pas reconnu sa voix ? Cet amant si audacieux n'est-il pas tombé à genoux devant elle ? Elle ne se rappelle que mon attentat, & ne veut point se souvenir de mon respect & de mes larmes. Il est des momens où je regrette de n'avoir pas profité du désordre de l'amour pour en arracher tous les droits. O liens intimes de la jouissance, nœud sacré, bonheur au dessus de l'homme, qui attires deux ames l'une à l'autre, les unis, les pénétres, les confonds à jamais, tu m'aurois laissé une partie de la sienne, & celle-là, du moins, ne pourroit m'échapper...... Où suis-je ? qu'ai-je dit ?...

ah! je n'ai plus de raison , je n'en veux plus avoir. Ne me faites pas de reproches; craignez mon désespoir; traitez-moi, Baron, avec le ménagement que l'on doit aux malheureux.

LETTRE

LETTRE V.

De Madame de Senanges à M. de Valois.

MON protecteur, mon ami, ne soyez point inquiet de votre malheureuse niéce. Je pars pour ma Terre, & je serai déja loin, quand vous recevrez ma lettre. J'ai craint vos représentations, vos prieres; j'ai craint l'ascendant que vous avez sur moi, je ne sais point vous résister, & j'ai besoin de fuir. Le plus noir chagrin me poursuit; j'aspire après la solitude, & les rochers de... conviennent à la situation de mon ame : cet ame est profondément triste; mais elle emporte votre image, elle n'est pas tout-à-fait infortunée. Je renonce à tout, excepté à vous aimer; je ne tiens plus qu'à vous. Gardez-moi le secret sur ma retraite; j'implore cette grace......

II. Partie. B

O vous qui me tenez lieu de pere ;
combien il m'en coûte pour m'éloigner !...... aimez-moi, je le mérite ;
les sanglots me suffoquent ; vous seul
me restez dans l'univers. Adieu.

LETTRE VI.

*Du Chevalier, à Madame de ***.*

Aʜ! Madame, vous êtes l'amie de Madame de Senanges; vous m'avez témoigné des bontés. Qu'est-elle devenue? où est-elle? il seroit inutile de vous cacher à quel excès je l'adore; vingt fois je me suis trahi; jugez de ma douleur! Elle a quitté son oncle, il ne sait pas lui-même quel séjour elle habite; je vis dans les transes, je cours, j'erre comme un homme égaré; je demande Madame de Senanges à tout ce qui m'environne, hélas! & je ne la trouve que dans mon cœur. Elle ne vous cachoit rien: je m'adresse à vous; rendez-moi le repos, la raison, la vie. Je succombe à mon désespoir:

ayez pitié de moi, instruisez-moi,
& soyez sûre que, jusqu'à ma derniere heure, je garderai le souvenir
d'un tel bienfait.

LETTRE VII.

*De Madame de *** au Chevalier.*

VOTRE lettre, Monsieur, m'a trouvée dans les larmes; je suis aussi inquiéte, aussi tremblante que vous. Madame de Senanges est ma meilleure, que dis-je? ma seule amie, je connois ses vertus, je les adore, je donnerois ma vie pour elle. Quelle nouvelle infortune me l'arrache? Je pleure, & son éloignement, & le mystere qu'elle m'en a fait; Dieu! si vous en étiez la cause! que je vous haïrois! je vous redemanderois la douceur de mes jours, vous me répondriez des malheurs de mon amie. J'ignore tout; voyez, pressez, interrogez; &, si quelque lumiere vous parvient, hâtez-vous de m'en faire part. Je ne dors plus, ou si je sommeille un instant,

c'est pour être tourmentée par des
rêves affreux. Que je plains les ames
sensibles ! & cependant je serois bien
fâchée de changer la mienne, à moins
que ce ne fût pour celle de Madame
de Senanges. Quelle femme !..... je
pleure, & c'est ainsi que je la loue.

LETTRE VIII.

De Mad. de Senanges à son amie.

Du Château de.......

Comment vous avouer ce que je voudrois me cacher à moi - même ? comment dévoiler sa honte....... Je ne l'estime plus ; connoissez tous mes malheurs. L'idole que mon cœur s'étoit faite, celui que j'adorois , cet homme que je croyois un Dieu, n'est qu'un être vil......... il a trompé ma confiance........ il a voulu profiter de mon sommeil ! je m'étois mise sous la garde de ses sentimens, quelle imprudence ! elle m'a perdue , mon amour est éteint....... un désespoir affreux me reste , & , jusqu'au souvenir des jours de mon innocence, tout m'est horrible..... que les siens coulent en paix ! l'inhumain n'est pas digne de partager mes tourmens.......

Que le repentir n'approche pas de son cœur ! qu'il soit heureux ! je suis vengée. Je le haïs.... je le méprise..... il a pu m'y forcer ! je détesterois même sa douleur...... qu'il ignore à quel point je l'aimois, à quel point .... je suis infortunée ! mais, que m'importe son bonheur, ses regrets, ce qu'il pense, ce qu'il sent ; ma gloire est pure, je l'ai sauvée de son audace & de ma foiblesse ; j'oublie jusqu'à son nom, ne m'en parlez jamais.... C'en est fait, je ne le reverrai plus ; j'ai renoncé à l'univers entier ; je fuis les regards, j'y crois voir les reproches écrits. L'aveu de mon sentiment fut un crime, je dois m'en punir. Je finirai mes jours dans cette retraite, hélas ! loin de mon oncle, de vous ; j'ai quitté tout ce qui m'est cher, & je vis !... mon amour est expié.... j'habite un désert, c'est ce qu'il me faut, je le voudrois plus triste encore. Cette chaîne de montagnes, qui le dérobe

presqu'à tous les yeux , ne me cache
point assez ; le jour m'afflige , la nuit
me désespere , le calme de la nature
ne peut me rendre au repos ; je me
condamne à la solitude ; je m'arrache
à tout, & son image me poursuit !....
Est-ce ainsi qu'on haït ? Ah ! lorsque
M. de Senanges m'a abandonné üne
terre dont je m'étois promis de ne jamais approcher, qui m'eût dit qu'elle
seroit mon asyle ? Qui m'eût dit; sur-
tout , que j'y regretterois les jours que
j'y ai passés près de lui. Perfécutée
alors , mais irréprochable , je n'avois
à me plaindre que du sort , j'étois bien
avec moi-même , & me croïois au
comble de l'infortune. J'y suis arrivée...... l'avez-vous vu ? vous a-t-il
écrit ? s'il étoit malheureux !.. quoi !
je serois assez foible , assez lâche
pour m'y intéresser ! non ; c'est par
un motif noble , que je ne lui souhaite point de mal, & je m'en applaudis ;
il en eſt plus coupable. De grace ,

qu'il ignore mà retraite. Jugez par l'importance du secret que je vous révele, du tendre attachement de votre malheureuse amie.

P. S. Comme je ne sais si le Maréchal de * * * est à Paris ou dans ses Terres, voulez-vous bien envoyer cette lettre à son adresse ? il ne saura point le lieu d'où j'écris. Je voudrois qu'il pût réussir dans ses sollicitations pour la place que demande... je n'ose le nommer ; j'aurai sûrement du plaisir à le haïr, si je peux lui être utile.

LETTRE IX.

*De Madame * * *, à Madame de Senanges.*

QUELLE joie j'ai ressentie en recevant votre lettre ; mais qu'elle m'a affligée, quand je l'ai lue ! mon amie ; ma chere amie, quoi ! cent lieues nous séparent ! Je ne puis voler dans vos bras, vous porter les consolations de l'amitié ! Que vous m'avez donné d'inquiétude ! hélas ! je ne suis pas plus tranquille. Victime intéressante de l'amour & de l'honneur, que vous avez de droits sur mon ame ! ô ciel ! le Chevalier fut aimé ; & c'est lui qui cause tous vos chagrins ! il a pu trahir votre confiance, manquer à la probité, & vous le pleurez ! & vous daignez le fuir, vous intéresser à lui, solliciter, à son inçu, la place qu'il ne mérite plus d'obtenir ! il ne mérite que l'indignation, ou plutôt un entier oubli. Vous, l'oublier ! vous qui ne me parlez que de lui ! vos protestations de haine sont des transports d'amour. Vous détestez le crime, & adorez le coupable ; vos reproches partent d'un cœur brûlant de passion, & l'image de l'ingrat vous suit moins pour vous irriter que pour vous attendrir. Ah ! ne le haïssez pas tant ; c'est le moyen de vous en détacher plus vîte. Avez-vous cru vous guérir, en vous éloignant ? mon amie, vous n'avez fait qu'une imprudence inutile à votre repos, & qu'il ne tient qu'à un monde cruel de mal interprêter. Vous voilà livrée à vous - même, au milieu des montagnes, parmi des rochers solitaires, qui retentissent de vos regrets ; vous avez cru que cette nature sauvage vous affermiroit contre les foiblesses du sentiment. Que vous vous êtes trompée ! les asyles de la mélancolie nourrissent l'amour

dans les cœurs tendres , par la tristesse même qu'ils leur inspirent. On
y est seul avec son cœur, on pese
sur le trait qui le blesse , les impressions s'approfondissent , les larmes
coulent, on y trouve un charme funeste, & le mal s'aigrit par le remede
qu'on y vouloit apporter. Revenez
parmi nous, vous y trouverez des
distractions, des conseils, des ames
qui parleront à la vôtre; tout est muet
où vous êtes , excepté votre cœur,
dont la voix est contre vous , en faveur du perfide que vous cherchez
peut-être, en croyant le fuir. L'amour
malheureux soupire sans qu'il s'en ap-
perçoive, après un recueillement qui
l'augmente. Nous vous préserverons
ici de ces illusions de la sensibilité.
Si ces motifs ne vous touchent pas,
pourrez-vous résister à la douleur de
M. de Valois? il est au désespoir ; il y
a quelques jours qu'il vint chez moi;
il m'interrogea sur le mystere d'un si

brusque départ ; je ne savois que lui dire ; nous pleurions ensemble, &, les yeux baignés de larmes, je voulois le consoler. Mon amie, vous lui devez trop pour ne pas finir sa peine, & mettre votre réputation à l'abri des conjectures malignes. Vous êtes jeune, belle & vertueuse ; que de titres pour être calomniée ! Ne laissez point de prise aux propos, & n'ayez pas contre vous le crime des apparences. Pour tranquilliser M. de Valois, j'ai imaginé de lui dire que M. de Senanges étoit secrétement à Paris, avec le dessein de se raccommoder avec vous, & que peut-être vous aviez voulu échapper à ses poursuites. Je ne me reproche point un mensonge qui vous justifie. Encore une fois, quittez votre lugubre habitation ; je tombe à vos genoux pour vous en prier. J'ai remis moi-même votre lettre au Maréchal, qui m'a chargé de vous mander, que l'affaire du Che-

valier prenoit la meilleure tournure;
& c'est vous qui l'obligez! quelle femme vous êtes! & que, dans vos foiblesses, vous me paroissez supérieure,
même à la vertu des autres! Adieu,
je croyois qu'il m'étoit impossible de
vous aimer davantage; mais vos malheurs m'ont fait sentir les progrès de
l'amitié.

LETTRE X.

Du Chevalier de Versenai, au Baron.

ELLE est partie! .... elle emporte mon ame avec elle; je n'existe que par le sentiment de la douleur. Tout m'afflige; je n'envisage plus la possibilité d'être heureux. Elle est partie!... & l'on ignore le lieu de sa retraite! Ah! Baron, quand j'ai appris cette affreuse nouvelle, mon sang s'est glacé, ma raison s'est perdue, je ne voyois qu'à travers un voile funèbre. Revenu de ce premier saisissement, j'ai interrogé tous ceux qui pouvoient me donner quelqu'indice, & satisfaire mon avide curiosité. J'ai erré de toutes parts, j'ai fait des recherches dans tous les couvents de Paris & des environs, & n'ai, pour fruits de mes soins,

soins, que de nouvelles inquiétudes.
Aux éclats de mon désespoir a succédé un chagrin sombre, & la plus
affreuse mélancolie. Cher Baron, par
quels forfaits ai-je donc mérité tous
les maux que j'éprouve ? J'aime à faire
le bien, j'honore les hommes vertueux, je sens qu'ils m'inspirent une
noble émulation ; tout mon crime est
d'être sensible. Dieu ! si la sensibilité
est un don, tu fais payer cher tes présens ! Cause mystérieuse & cachée,
Moteur suprême, Etre des êtres,
pourquoi nous as-tu jettés sur ce
globe, puisque les passions que tu
nous a données, sont autant de pié-
ges où nous sommes attendus ; puisque des sentimens aussi purs que toi,
s'aigrissent dans les cœurs les plus
honnêtes & les plus doux, puisque
l'amour lui-même, qui devroit être
le charme de la vie, comme il en est
la source, la remplit de troubles,
d'amertume, & déchire les ames où

II. Partie.   C

il devroit verser la consolation? Cette
idée me plonge dans une rêverie, qui,
pour peu qu'elle se prolongât, me
méneroit au tombeau. Peut-être, en
ce moment, Madame de Sénanges
pleure ! & c'est moi qui fais couler ses
larmes , moi qui l'adore , moi qui
mourrois avec délice , si un seul de
ses regards honoroit mes derniers
momens ! Nous nous tourmentons
tous deux , avec le desir de notre mu-
tuelle félicité : qu'a-t-elle à me reprocher ? un mouvement , un transport
indépendant de ma volonté , & qu'a
désavoué mon cœur , dès que j'ai été
le maître de ma raison ; à quoi tient
le bonheur ? Mon ami , je m'abandonne à mes réflexions ; elles me soulagent, en m'enfonçant dans ma tristesse. Je ne crains point qu'elle vous
importune ; quand elle m'accable, je
rejette mon fardeau sur vous , & vous
ne le repoussez jamais. O sublime
amitié! un des avantages de l'infor-

tune, est de forcer l'homme battu
par la tempête, à se réfugier dans
ton sein; & qui n'a pas été malheureux, n'est pas digne encore d'avoir
un ami.

LETTRE XI.

*De Mad. de Senanges, à Mad. * * *.*

Vous déchirez mon cœur, vos instances me désesperent ; il m'est affreux de m'y refuser, il me l'est de vivre séparée de vous ; mais n'espérez pas m'en détourner. Moi ! je m'exposerois à le voir ! . . . . . . hélas ! il n'est point haï ; ma colere me trompoit ; lui, haï ! . . . . plus coupable encore, je sens qu'il n'en seroit pas moins adoré. . . . . . Votre amie n'a plus qu'à s'ensevelir dans cette retraite : mon funeste amour m'y condamne. Je n'ai pu le vaincre, je pourrai davantage ; je pleurerai ici jusqu'à mon dernier soupir, mon égarement, son crime, & mon oncle & vous. Ma situation est affreuse; chaque jour, chaque instant en redouble l'amertume. J'erre dans ces lieux abandonnés, seule, loin de ceux que j'aime, privée de tout, & ne puis échapper au cruel; il me suit jusques dans mon sommeil; je m'en indigne, je veux envain m'y soustraire; tous mes efforts ne servent qu'à rendre plus profonde la blessure que rien ne peut guérir. Sachez plus, son forfait dont je me punis, & que je déteste..... le croiriez-vous?.... J'ai surpris en moi, au milieu de mon déchirement, même de mon indignation, j'y ai surpris, avec effroi, avec horreur, le vœu coupable de me retrouver dans ses bras: j'en meurs de confusion. Je vais perdre entiérement votre estime; mais je l'aime mieux que de vous surprendre un sentiment; votre amitié me restera, votre pitié m'est due. Jugez à présent, si je dois quitter ce séjour baigné de mes larmes, témoin de mes sanglots, de mes combats & de ma foiblesse..... Ah! jamais!....

C iij

quoi ! je ne pourrai l'oublier ! quoi ! son souvenir, toujours repoussé, toujours présent ! ....

Mon oncle..... ah , ciel ! .... je reçois une lettre.... on me mande.... mon oncle se meurt ! je vole auprès de lui, je m'accuse de son état, je déteste mon absence, je frémis de mon arrivée. Si je ne le serre pas dans mes bras , si je n'embrasse qu'une ombre ! .... si.... conservez ses jours, grand Dieu! & prenez ma vie! n'enlevez point à l'humanité votre plus parfaite image ; ce que je ne mérite pas d'obtenir , je vous le demande pour vous - même. Je ne sais où je suis , je sens tous les maux à la fois. Ah ! j'ai pu le quitter ! je ne me le pardonnerai jamais. Mon amie, une fluxion de poitrine !... il est expirant ! le sort me réservoit ce dernier coup, & j'y succomberai ; je n'ai plus que cet espoir. Retourner dans le lieu que cet homme habite ! quel supplice !

n'importe, j'y cours.... mes projets, mes résolutions, mon intérêt même, tout est oublié.... un avenir affreux s'ouvre devant moi ; mais c'est sur le plus sensible, le plus honnête, le plus respectable des hommes que je pleure, je le redemande au ciel, à toute la nature : mes cris seront - ils entendus ? Trahie par ce que j'adorois, tremblante pour le digne objet de mes plus tendres affections, suis-je assez infortunée ? Non, cruel, non, je ne pense plus à toi ; je ne songe qu'au danger de l'être le plus vertueux, de celui qui te ressemble le moins. Hélas ! j'avois retrouvé en lui un second père, il en avoit les bontés ; je l'aime trop, pour parler de ma reconnoissance ; mais vous savez, mon amie, ce qu'il a fait pour moi ; mon bonheur fut son ouvrage. Je lui devrois plus, je lui devrois toutes les vertus, si j'avois suivi son exemple ; & je ne ne le reverrois pas ! ses yeux

seroient fermés pour toujours ! j'en
serois privée.... privée à jamais ! je
ne puis, je ne saurois soutenir cette
accablante idée. Combien de jours
doux & paisibles j'ai passés auprès de
lui ! hélas ! ils ne peuvent renaître ;
mais qu'il vive ! que je le voie ! que
chacun de mes instans soit marqué
par de nouveaux soins ! & je suppor-
terai tout. Quel moment de désordre
& de douleur ! que de tourmens ! &
que j'ai peu de force ! Chere amie,
je n'avois qu'un asyle, qu'un seul appui ; peut-être, à l'heure que je vous
parle, peut-être je n'en ai plus. L'a-
bîme s'ouvre, il va se refermer sur
moi ; je retombe au pouvoir de M.
de Senanges. Oui, si M. de Valois
m'est arraché, j'ai tous les malheurs
à craindre, je les envisage tous ; mais,
je ne sens, je ne redoute que celui de
le perdre. Tout est prêt.... ; adieu,
mon amie ! jugez si je vous aime ! je
vous en assure, au milieu de tant

d'agitations, de trouble & d'allarmes.
Que vais-je apprendre ?..... je viens
de me trouver bien mal !..... je suis
mieux ; je pars.

LETTRE XII.

Du Baron au Chevalier.

MALHEUREUX jeune homme ! de quoi vous plaignez - vous ? cette même sensibilité qui cause vos peines, peut-être, un jour, doublera vos plaisirs. Vous êtes dans l'âge où l'on s'exagere tout, & particuliérement ses infortunes, où l'on n'oublie que ses torts. Le revers dont on est la cause est toujours le crime de la Providence ; on ne se reproche rien, elle seule a tout fait, & il se joint à une légéreté pardonnable, une ingratitude qui ne l'est pas. Croyez - moi ; vous êtes trop heureux d'être sous l'empire de cette Providence toujours agissante pour le bonheur même de ceux qui l'attaquent : vous la calomniez, moi, je la bénis ; elle veille également sur nous deux. N'est - ce pas elle qui a mis sur votre route un ami qui s'offroit pour vous conduire, & que vous n'avez pas écouté ? N'est-ce pas elle qui vous le représente dans vos chagrins, qu'il est prêt à partager ? Cessez donc de vous livrer à des murmures injustes, à la rêverie d'un cœur malade, & aux sophismes d'un esprit faux. Quoi qu'il en soit, votre lettre m'a vivement affecté. Je suis ému de votre situation : vous ne pouvez l'imputer qu'à vous ; mais elle n'en est que plus affreuse, & je n'en suis pas moins attendri. Quoi ! Mad. de Senanges a disparu ! & l'on ignore où elle s'est retirée ! que je la plains ! cruel homme ! dans quel cœur avez-vous jetté la désolation ? Mais je suis loin, en ce moment de m'élever contre vous ; il me vient une idée, n'en abusez pas ; je ne vous la dis que pour vous tranquilliser. Je soupçonne qu'elle est allée dans une Terre qu'elle a dans le ***; c'est un séjour sauvage,

fait exprès pour une ame triste & pas-
sionnée ; au nom de l'amitié, n'abusez point de ma conjecture ; la moindre indiscrétion , en déshonorant
Madame de Senanges, vous perdroit,
sans retour , dans son cœur & dans
mon esprit. Calmez-vous, supportez
le mal que vous vous êtes fait ; ayez
du moins la philosophie du malheur :
elle consiste dans le courage ; & il
n'est point d'extrémités dans la vie,
où il soit permis d'en manquer.

P. S. Vous ne me parlez plus de
Madame d'Ercy : que devient elle ?
C'est une tête légére, vous le savez ;
un cœur gâté ; c'est moi qui vous le
dis ; prenez vos précautions ; je vous
le répéte. Adieu.

LETTRE XIII.

De Mad. d'Ercy , au Chevalier.

Qu'est-ce donc que vous faisiez avant-hier, mon cher Chevalier, dans le bois de *** ? vous marchiez à grands pas; vous aviez l'air égaré, un geste convulsif, & une allure tout - à - fait sauvage: dès que vous m'avez apperçue, vous vous êtes enfoncé dans une allée sombre, comme si l'aspect des femmes vous étoit devenu antipathique. D'honneur , vous ressembliez à un certain *Prince triste* qui figure dans je ne sais plus quel Roman, ou à ce fou de Roland, qui déracinoit des arbres , parce que sa maîtresse étoit infidelle; ou, si vous l'aimez mieux, à Dom-Quichotte dans la forêt noire: il ne vous manque plus qu'un palefroi pour monture, une Princesse à désenchanter, & des géants à pourfendre. Quand

on est ridicule, il faut l'être à ce de-
gré-là ; cela devient amusant pour les
autres. C'est donc une affaire arran-
gée ; vous voilà paladin dans l'ame.
Madame de Senanges doit bien rire
de toutes vos extravagances ; elle
vous a ôté votre raison, votre figure,
vos gráces ; & , en dédommagement,
que vous a-t-elle donné ? Rien. A
merveille! elle vous traite en véritable preux : on dit plus ; pour être
tout-à-fait dans le costume, elle s'en
est allée bien loin, bien loin... On n'a
pas pu me dire où ; c'est une chose
consacrée dans les archives des Es-
plandian , des Amadis & des Polé-
xandre , qu'il doit y avoir cent lieues
au moins, entre les soupirs d'un Chevalier, & les beautés de sa Dame :
vous voilà tous les deux dans les
grands principes, vous adorant à une
distance convenable. Je raffole de
cette maniere d'être. Raillerie à part,
Chevalier, pourquoi donc Mad. de

Senanges vous a-t-elle inhumaine-
ment abandonnée ? Il y a mille tour-
nures à donner à cette absence-là : je
ne suis pas encore au fait des meilleures. J'ai moi - même été passer quelques jours à la campagne ; il faut que
je me remette au courant. Tout ce
que je sais d'avance , c'est que Mad.
de Senanges ne vous échappe, soyez-
en bien sûr , qu'afin que vous ne lui
échappiez pas ; & , puisqu'elle a pu
vous ensorceller au point où vous
l'êtes , je suis tentée , moi, de la croire
capable de tout. Au reste, comptez
toujours sur mon amitié : je vous regarde comme un homme qui auroit
deux ou trois siecles sur la tête :
qu'est-ce que cela fait ? On inspire de
la vénération & de la curiosité : tout
est au mieux. Adieu , Chevalier ;
avant peu je vous donnerai des preuves non équivoques de mon affection ;
il faut bien pardonner.

BILLET

*De Mad. de Senanges, à Madame
de *** son amie.*

JE suis arrivée hier au soir : je respire : M. de Valois est mieux ; je
l'ai tenu embrassé pendant un quart-
d'heure, sans pouvoir dire une parole ; il ne m'a point fait de reproches ; il m'a reçu avec bonté ; j'ai
goûté un instant de joie. Demain je
serai chez vous, à votre lever ; ce
seront encore quelques momens de
bonheur. Hélas ! qu'ils passeront vîte !
Adieu.

BILLET

Du Chevalier, à l'amie de Madame de Senanges.

Est-il vrai? Madame de Senanges est de retour? Je n'ose lui écrire ; j'ose encore moins me présenter chez elle. J'ai recours à vous : ayez pitié de mon trouble ; mon état est fait pour attendrir l'ame la plus insensible ; la vôtre est bien loin de l'être. Je vous ai conté naïvement l'histoire & les progrès de ma passion : je ne vous ai point caché mes torts ; vous m'avez écouté avec indulgence, & n'y avez vu que ceux de l'amour. Ah ! Madame, si vous daigniez dire un mot en ma faveur !... Sans vous je n'ai plus d'espoir. J'attends votre reponse, je tremble d'un refus ; mais j'espere que vous excuserez ma demande. Je suis au désespoir ! il faut me plaindre, & non me juger.

II. Partie.   D

BILLET

*De l'amie de Madame de Senanges,
au Chevalier.*

MADAME de Senanges étoit chez moi, Monsieur, quand j'ai reçu votre lettre ; elle a reconnu votre écriture, & est tombée dans mes bras, presque évanouie. Revenue à elle, elle m'a défendu de prononcer votre nom , & je n'ai eu garde de la contrarier. Ne lui écrivez point ; ce n'est pas là le moment : qu'on ne vous voie point autour de sa maison : attendez tout du tems , & sur-tout de votre bonne conduite. Vous m'intéressez , parce que je vous crois honnête , malgré votre égarement ; mais vous avez blessé l'ame de mon amie , & je ne puis vous promettre de lui parler pour vous.

LETTRE XIV.

De Mad. de Senanges , à son amie.

Eh bien ! suis-je assez foible , suis-je assez malheureuse ? je ne puis voir même son écriture , sans être émue jusqu'au fond de l'ame. Je voulois aller chez vous , ce matin ; mais à peine suis-je remise du trouble dont vous avez été témoin.... Qu'est-ce donc qu'il vous écrivoit ? le perfide ! que peut-il avoir à vous dire ? Que je m'en veux de vous avoir imposé silence , quand vous étiez prête à m'en parler ! falloit-il m'en croire ? vous étiez bien sûre du plaisir que vous m'auriez fait , en bravant une défense douloureuse à mon cœur , & qui devoit être inter-prêtée par le vôtre. Mon amie, je l'ai-me plus que jamais. Ces lieux où je l'ai vu si souvent à mes pieds, cette chambre, témoin de son crime & de

sa soumission tout ensemble , ce jardin où je me suis égarée tant de fois
en rêvant à lui , tous les objets qui
m'environnent ne me retracent que
son image ; tout m'invite à l'adorer ,
tout prend une voix pour le défendre.

Hier , je causois avec mon oncle ,
au chevet de son lit. Le Chevalier ,
me dit-il , a eu pour moi des atten-
tions que je n'oublierai jamais ; il a
passé lui-même , deux fois par jour ,
pour savoir de mes nouvelles ; & ,
quand les accidents avoient redou-
blé , il s'en retournoit les larmes aux
yeux.

Mon amie , si mon oncle m'avoit
regardée , dans ce moment , il auroit
vu les miennes couler. Je le quittai
brusquement , pour aller pleurer , à
mon aise, dans un coin de la chambre.
Ce bon M. de Valois ne se doutoit pas
en me parlant ainsi de l'impression
profonde qu'il alloit laisser dans le
cœur de sa niece ; il ignore que cet

homme si sensible pour lui, est le Dieu qu'elle s'est choisi, & que sa tendresse pour moi réjaillit sur tout ce qui m'appartient. Ses traits sont altérés, dit-on, & c'est mon ouvrage! quoi! ces traits charmans, si bien gravés dans mon cœur, le chagrin les a flétris! j'en suis la cause! & j'hésite à lui pardonner, à le voir!.... Le cruel! il ne m'a pas écrit; je ne l'ai point apperçu; ah! sans doute il a craint que je ne lui renvoyasse ses lettres, il a tremblé de me déplaire! & j'allois l'accuser d'un tort, quand il me donne la preuve la plus délicate de son attachement!

Dieu! quelle nouvelle! mon amie, combien je vais jouir! La place de *** est accordée au Chevalier: concevez-vous mes transports! Ne nous plaignons point des tourmens de l'amour, puisqu'ils amenent de si grands plaisirs. Il ne sait rien des démarches que j'ai faites; je ne serai point con-

nue, je serai doublement heureuse.
Je vous quitte pour écrire au Maréchal, & le remercier de ses soins ;
il ne sait pas toute l'étendue de son
bienfait.

BILLET

*Du Maréchal de * * * à Madame de Senanges.*

V O U S êtes très-aimable, Madame, mais vous vous intéressez pour des gens qui ne sont gueres sages. J'ai vu, ce matin, le Chevalier de Versenai, il avoit l'air d'être furieux de la faveur de la Cour ; il vouloit remercier le Ministre, &, sûr à peine d'avoir obtenu, il songeoit à sa démission. Je n'y conçois rien. J'ai tâché de lui remettre la tête, je lui ai fait entendre qu'il manquoit à ses amis, que c'étoit mal payer leur zele, que de faire un pareil éclat ; je vous ai nommée.... J'ai cru qu'il étoit devenu fou ; il s'est enfui sans me dire un mot, & m'a laissé tout stupéfait d'une scène qui je crois, n'a pas encore eu d'exemple. Vous m'expliquerez peut - être cette

D iv

énigme: j'espere toujours que le Chevalier voudra bien pardonner au Roi, de l'avoir préféré à ses concurrents; &, de quelque maniere que la chose tourne, je ne me repentirai pas des démarches que j'ai faites par vos ordres.

LETTRE XV.

Du Chevalier, à Mad. de Senanges.

O ciel! ajoute aux facultés de mon ame, fournis-moi des expressions dignes des mes transports, & sois toi-même, en m'inspirant, l'organe de ma reconnoissance! Dans cet instant, le plus beau de ma vie, vous me pardonnerez, Madame, d'oublier vos ordres, de n'obeir qu'à mon cœur... Je ne me connois plus, je mouille de larmes le papier que j'écris en tremblant. Image de la Divinité, vous qui n'opposez à l'offense que des bienfaits, il est impossible que vous rejettiez mon hommage. Quoi! du fond de votre solitude, vous songiez à m'être utile! j'occupois votre souvenir! & je voulois refuser une place que j'obtiens par vous! & je n'ai pas

deviné la main d'où partoit un tel ser-
vice ! je ne me le pardonnerai jamais.
Si mon cœur étoit aussi grand , aussi
sublime que le vôtre ; je ne m'y serois
pas trompé. Combien vous l'emportez sur moi ! vous m'accablez par des
vertus ; je vous défie d'être plus vengée : vengée ! Dieu ! seroit-ce là votre
projet ! j'en frémis ! Tout pénétré que
je suis de vos dons , si le cœur n'y
avoit point de part , ils me seroient
affreux : je les accepterois par obéissance ; mais j'irois mourir à vos pieds,
décoré du titre que je tiendrois de
votre générosité, & non d'un autre
sentiment. Rassurez-moi ; permettez-
moi d'aller tomber à vos genoux ;
que je lise dans vos regards , ou mon
pardon , ou mon arrêt. Souvenez-vous
des momens, où vous juriez de m'aimer toujours ; une faute que l'a-
mour fait commettre , ne doit être
punie que par l'amour. Daignez seulement me recevoir ; votre premier

regard vous convaincra mieux que
tous mes discours , de la vérité de
mon repentir: voyez-moi, c'est tout
ce que je veux.

BILLET

De Mad. de Senanges, au Chevalire.

Eh bien ! Monsieur ! je vous verrai, j'y consens ; mais j'exige que vous alliez prendre Madame de ***, & que vous veniez avec elle. Ne me parlez point de reconnoissance ; si je vous ai ai servi, c'est moi qui vous dois. Je vous remercie de l'intérêt que vous avez pris à la maladie de M. de Valois ; il vous acquitte de tout ce que j'ai fait pour vous.

LETTRE XVI.

Du Chevalier, à Mad. de Senanges.

QUELLE scène attendrissante ! l'impression m'en est restée toute entiere. C'en est fait, vous m'avez élevé jusqu'à vous ; je n'apperçois plus la difficulté des conditions, je n'envisage que la gloire de les remplir. J'ai retenu toutes vos paroles ; mon ame avide les dévoroit, à mesure que vous les prononciez.

Chevalier, m'avez-vous dit, je vous pardonne, c'est déclarer assez que je vous aime ; je vous en renouvelle l'aveu, & j'en fais le serment entre les mains de mon amie ; mais elle recevra le vôtre, & je l'exige, en sa présence, que vous respecterez toujours mes devoirs, mes principes, le nœud fatal qui me lie. L'amitié sera témoin de vos promesses ;

l'honneur en sera le sceau ; l'amour la récompense ; &, si vous y manquez, vous blesserez, à la fois, l'amour, l'honneur & l'amitié.

Non, mon adorable amie, non ! je n'y manquerez jamais : je vais employer à vous mériter l'ardeur que je mettois à vous obtenir. La certitude que je vous en donne, est fondée même sur ma faute ; elle m'a appris que je pouvois m'égarer, & ma force dépend aujourd'hui de la connoissance de ma foiblesse. Chaque degré de perfection qui me rapprochera de vous, sera une jouissance pour mon cœur ; plus les desirs que vous ferez naître seront ardents, plus il me sera doux de les enchaîner à vos pieds, & je mesurerai mon plaisir aux tourmens du sacrifice. Vous aimer, être aimé de vous, vous rapporter toutes mes actions, épurer mes pensées, en vous les adressant, acquérir quelques qualités, pour me rendre digne de vos

vertus, ce bonheur me tiendra lieu de
tout, il fera le vôtre, & je cherche-
rois une autre volupté ! non ! une
étincelle de votre ame a passé dans
la mienne. J'adopte vos affections,
vos goûts, vos sentimens. Déplorons seulement, mais pour la derniere fois, déplorons ensemble le
malheur de deux êtres tels que nous,
entraînés l'un vers l'autre par le penchant de la nature, & séparés par
l'autorité des loix. Il faut que vous
gardiez à votre tyran, que dis-je ! à
votre bourreau, des charmes qui
n'appartiennent, de droit, qu'à l'objet aimé ! il faut que celui dont la tendresse vous déïfie, respecte le cruel
dont la jalousie vous outrage ! ... Il
faut... ô tyrannie du préjugé ! source
intarissable de larmes. ... mais lais-
sons le voile sur ce tableau de l'infortune....... il n'en est plus pour
moi. J'ai lu ma grace dans vos yeux;
tout est riant aux miens ; la peine

est déja loin , quand la félicité commence. J'oublie tout ce que j'ai souffert ; les ames sensibles ont ce pri-
vilege sur les autres , que, parvenues
au comble des malheurs, elles con-
servent dans sa pureté la source des
grands plaisirs.

LETTRE

LETTRE XVII.

Du Vicomte de Senanges, au Commandeur de Senanges.

C'EST trop endurer; mon parti est pris, Commandeur. Je ne vous écris point, pour vous demander conseil; mais pour vous instruire de ma résolution qui est inébranlable. J'aime Madame de Senanges, plus que jamais; mon sang, à son nom seul, s'enflamme & me suffoque. Je me suis séparé d'elle, par un mouvement d'orgueil, ou plutôt, parce que j'étois fatigué moi-même des tourmens que je lui faisois souffrir. Mon ame, en retombant sur elle de tout son poids, a senti le besoin de se livrer à sa passion, dussé-je en mourir, & entraîner avec moi celle à qui le sort m'unit. La jalousie, affreuse quand on s'y

II. Partie   E

abandonne, est la plus infernale des furies , lorsqu'elle est concentrée. Au défaut d'un autre aliment , mon cœur se dévore lui-même. Vous n'imaginez pas le supplice que j'éprouve. J'ai beau me distraire par des exercices violents, passer ma vie à la chasse, me plaire à détruire des animaux , n'ayant point d'autres êtres à tyranniser ; le trait empoisonneur me suit, il me brûle, il s'attache plus fortement à mon cœur, à mesure que je veux l'en retirer : chaque effort est douloureux ; tous sont vains. Je retrouve Madame de Senanges sur le roc que je franchis & dans l'antre où je vais me cacher. Tantôt je la vois parée de tous ses charmes, digne des hommages de l'univers ; & toutes les fougues de l'amour s'emparent alors de moi ; tantôt je me représente les jours de son infortune ; je la vois mourante à mes pieds, qu'elle arrose de larmes, & palpitante sous le poignard que je leve

sur son sein. Ce souvenir seul m'arrache des cris, je frissonne, je pleure,
& , le croirez-vous ? je suis plus malheureux de m'être privé de mes fureurs , que je ne l'étois, en les exer-
çant sur elle ! O Dieu ! avec quelle
ame m'as-tu fais naître ! l'excès de la
sensibilité mene donc à la barbarie !
Mon amour m'épouvante, & je serois
désespéré d'en guérir. Il est de ma
destinée , d'être le fléau de ce que j'aime ; celle de Mad. de Senanges est de
vivre avec moi. Les autels ont reçu
nos sermens , je les réclame : je re-
saisis ma victime ; elle m'appartient ;
j'use de mes droits , puisque je n'ai
pu rien gagner sur ses sentimens. Eh!
quoi ! tandis que je souffre , tandis
que mes jours sont tissus d'horreur &
d'amertume, les siens coulent dans la
paix & l'indépendance ! celle qui est à
moi, fait l'enchantement de tout ce
qui n'est pas moi ! je l'adore, & elle
peut me haïr avec sécurité ! que dis-

je ? elle peut insulter à ma peine, dans les bras d'un autre ! O rage ! prenez pitié, mon frere, d'un malheureux qui vous aime, qui respecte les liens du sang, obéit aux impressions de la nature, ouvre son cœur à l'amitié, & qui n'est devenu féroce que pour trop sentir l'amour. Une femme, que j'ai rencontrée quelquefois à Paris, & qui me prie de ne la point nommer, me mande que Madame de Senanges est plus aimable, plus belle, plus fêtée, plus brillante que jamais ; cependant sous l'apparence du zele le plus vrai & le plus désintéressé, elle me donne des soupçons horribles sur sa conduite. Je crois tout, je pars, pour l'épier moi-même, pour m'enivrer du poison qui me tuera. Cette femme me recevra secrétement ; je vous verrai chez elle. Ne parlez point de mon projet ; j'ai besoin du mystere le plus profond. Quel est donc ce Chevalier si assidu auprès de Madame de Senanges? C'est la premiere fois qu'un homme la voit, avec autant de suite. Que veut dire le séjour qu'elle a fait à sa Terre? Tout m'allarme, tout m'irrite; le Volcan fermente depuis assez long-tems; il faut qu'il éclate : je veux être éclairci, vengé, quitte à pleurer ma vengeance. Malheur à tout être qui, plus heureux que moi, me fera mieux sentir mon infortune! Elle est au comble; ne suis-je pas pour vous - même un objet d'effroi ? Vous devez me plaindre, vous devez m'aimer : suis-je le maître de l'astre qui me domine ? Suis-je le maître des bouillons de mon sang, & de la fiévre ardente allumée dans mes veines, depuis que j'ai la faculté de sentir ? Ah! quand tu me verras, serre-moi dans ton sein, ne me fais point de reproches, ne me donne point de consolations; les uns me seroient odieux, les autres inutiles.

LETTRE XVIII.

Du Commandeur, à son frere.

S'IL en est tems encore, gardez-vous de partir ? que voulez-vous faire ? O Dieu ! dans quel abyme vous jettez-vous ? Je crois deviner quelle est la femme qui vous a empoisonné de soupçons, & le motif du zele atroce dont elle se pare ; la conduite de Madame de Senanges me paroît irréprochable. Faut-il que vous soyez furieux, parce qu'elle est tranquille ? On ne peut commander au bouillon du sang, dis - tu ! eh ! malheureux, fais-toi saigner.

Votre lettre m'a rempli de terreur, & pour vous, & pour l'objet intéressant que le sort a mis en vôtre pouvoir. Sans doute je voudrois vous voir retourner avec Mad. de Senanges, si vous pouviez vous vaincre ; mais je vous arracherois moi-même d'entre ses bras, si vous conserviez les mêmes dispositions. Infortunée créature ! n'a-t-elle pas aſſez ſouffert ? êtes-vous digne de l'aimer encore ? vous qui l'avez tyrannisée sept ans, sans qu'elle vous ait donné le sujet d'un reproche légitime ! Rougissez & tremblez de vos nouveaux transports. Je vous aime, oui, je vous aime ; mais je protege l'innocence, la foiblesse & la vertu. Ah ! mon frere, mon cher frere, devrois-je avoir à les protéger contre vous ? Adieu.

LETTRE XIX.

De Mad. de Senanges au Chevalier.

JE suis sûre enfin de la pureté de votre amour, le mien peut éclater. J'ai reçu vos serments, votre probité en est le garant, mon amie, le témoin. Je vous rends ma confiance, le passé est anéanti, l'avenir ne m'allarme plus, je m'enivre du présent. Dieux ! combien la vertu m'est chere ! votre retour vers elle me donne le droit de vous dire, à quel point, à quel excès je vous aime. Oui, j'adore jusqu'aux maux que j'ai souffert ; ils sont ma sûreté. Une autre hésiteroit peut-être à se fier encore à vous ; mais la défiance est le partage des ames communes, les cœurs généreux pardonnent. C'est votre faute qui me répond de votre courage. Vous me connoissez d'ailleurs ; vous savez que votre estime m'est plus que vous-même : s’il me falloit perdre l’un ou l’autre, mon choix seroit bientôt fait, & je n’y survivrois pas. Cher amant, tous les feux de l’amour sont dans mon cœur ; mais la vertu n’en sortira pas plus que votre image. Etre digne de vous, l’être toujours de tous deux, m’aggrandir à mes propres yeux, pour m’élever aux vôtres ; voilà le motif de ma résistance ; ma force est votre ouvrage, elle surmontera tout. Gardez – vous de m’accuser de froideur ; vous, m’en soupçonner ! vous !…. ah ! s’il m’étoit permis de voler dans vos bras, de vous ouvrir les miens, d’obéir à l’attrait le plus doux, si je le pouvois sans remords, sans vous couvrir de ma foiblesse, sans rougir devant vous, avec quel transport, avec quel abandon je devancerois vos vœux ! Je m’immole au devoir, n’en murmurez point : cet effort incroyable, s’il nous coûtoit peu, s’il étoit ordinaire, seroit-il fait pour nous ? Soumettons-nous au sort, il ne nous a pas unis ; je dois respecter le nœud qui m'accable ; vous me le rendez plus pesant ; mais rien ne peut le rompre : pour être haï, en est-il moins sacré ? Cette voix intérieure, ce juge infléxible qu'on porte en soi, & qu'on ne surprend jamais, quelquefois m'intimide & me trouble ; vous l'emportez cependant, & votre pouvoir (quel est donc ce pouvoir ?) est plus fort que le sien ; je lui soumets ma conduite, mes principes ; je lui soumets tout, excepté un sentiment que ni le ciel, ni les jugemens des hommes, ni mes efforts ne sauroient m'arracher. Eh ! quoi ! je me ferois des reproches ! Maîtresse de ses actions, l'est-on de son cœur ? le mien est pur ; le mal est de céder, non de sentir. Ce que vous m'avez inspiré ne peut être criminel. Ce fatal serment, pourquoi, pourquoi n'est-ce pas à vous que je l'ai fait ! Inutiles re-

grets ! nos ames sont confondues :
quel bien vaut celui-là ? ah ! livrons-
nous à d'innocens transports : nous
nous aimons, nous sommes vertueux;
nous avons tout. Que je suis contente ! je m'abandonne à mon amant, je
ne le redoute plus ; mes frayeurs sont
dissipées, mon ame est tranquille ,
votre empire plus absolu; vous avez
recouvré mon estime ; j'ai retrouvé
ma gloire; elle tient à la vôtre. J'ai
cru l'avoir perdue, dès que vous avez
été coupable. Adieu; si j'étois susceptible d'une seule pensée contraire à ce
que je dois, c'est à vous que j'aurois
recours , pour m'aider à en triom-
pher.

LETTRE XX.

Du Chevalier, à Madame de Se-
nanges.

QUE d'élévation, de noblesse & d'héroïsme dans ce que vous m'avez écrit ! Vous êtes la seule femme qui puisse ainsi changer en faveur precieuse la plus cruelle des privations. J'ai lu jusqu'au fond de votre ame ; vous m'en avez ouvert tous les trésors : qu'elle est belle ! qu'elle est noble & tendre à la fois ! votre courage n'est point imposant & dur ; il attire, il se communique, il invite à l'imiter : une seule pensée mêle de l'amertume à mon bonheur. Un autre que moi a possédé vos charmes ; un devoir atroce a légitimé pour vous les embrassemens d'un monstre ! vous avez pu accorder au plus cruel des hommes, ce que vous refusez à votre amant! Ecartons cette idée, elle détruiroit tous mes plaisirs. Ah! votre ame alors, cette ame dont je jouis, que personne n'a connue avant moi, se retiroit en elle - même , & ne se laissoit point approcher : c'est à moi seul qu'elle s'est donnée ;. & je desire , & je regrette ! ah! pardon. Je suis aimé, dois-je me plaindre? Vous trouvez le secret de contenter l'amour, sans rien prendre sur la sainteté du serment. O serment redoutable! chere amante ; je l'abhorre, parce qu'il vous lie ; je le respecte , pour vous égaler! Oui, oui, je serai digne de vous, je le veux. J'aurai toujours avec moi la lettre que vous venez de m'ecrire ; &, si les desirs m'égarent, je la relirai ; elle me donnera la force de me vaincre........ Qu'est - ce donc que vous voulez dire , avec ce Juge infléxible qui

vous allarme quelquefois ? ah ! qu'a-
t-il à vous reprocher ? ne parlez jamais de remords ; ils ne sont pas faits
pour vous.

LETTRE XXI.

De Mad. de Senanges au Chevalier.

C'EST de l'état le plus affreux que je passe à la douce tranquillité ; & , si l'horrible souvenir de ce que j'ai souffert, se présente à moi, c'est pour me faire mieux sentir le bonheur de mon état présent. Mes maux sont effacés; les vôtres seuls, ceux que je vous ai causés, me restent. Je voulois renoncer à vous ! moi , dont vous êtes l'ame, qui vous ai donné la mienne, avec si peu de réserve & tant de bonne foi, que vous êtes le confident comme l'objet de mes pensées, de mes vœux, de mes peines ; ah ! des plus doux plaisirs , & de tous mes sentimens ! ah ! je ne cherche point à la reprendre. Au milieu de mon désespoir, voulant me séparer de toute la nature, & rentrer dans son sein ;

désespérée, anéantie, je n'en étois
pas moins à vous. Au comble du malheur, je craignois de vous affliger ;
je vous cachois une partie de ce que
je souffrois ; je mourois de ma douleur, sur-tout de la vôtre, du mépris
affecté que je vous marquois. Puisque
j'existe, je n'ai pas cessé de vous estimer ; j'étois à genoux devant le Dieu
dont je brisois l'autel. Mais, dites,
mon ami, est-ce qu'on raisonne quand
on sent ? Ah ! vous connoissez peu
l'amour, si vous vous étonnez de ses
inconséquences, de son désordre !
Mille fois, dans un même instant, on
accuse, on se repent ; on est en proie
à l'impression qu'on déteste, à l'erreur qui vous tue, & à l'idée qu'on
rejette. Aujourd'hui je suis heureuse...
puisse hélas ! ce calme charmant,
être aussi durable que mon amour.

LETTRE

LETTRE XXII.

De Mad. de Senanges, au Chevalier.

Voila deux jours que je ne vous ai écrit : vous êtes fâché, & c'est avec raison ; mais vous le serez bien davantage , quand vous saurez ce que j'ai fait. J'ai été voir ce matin une Religieuse de mes amies ; elle n'a cessé de me parler contre l'amour. Quoi ! cher amant ! ce seroit un mal de vous adorer ? non, non ; je n'ai garde de le croire : nous sommes heureux , & le ciel est trop juste, pour s'offenser du bonheur. Ne me suis - je pas assez immolée ! d'où vient donc que ma conscience.... ah ! elle n'intimide mon amour que pour l'augmenter. Moi , des remords , j'aime & n'ai point cédé.... qui peut les faire naître ? je n'en sais rien ; je sais seulement que vous en triomphez , c'est bien plus

II. Partie.   F

que de les détruire. Dussé-je en être accablée, je n'en voudrois pas un de moins, puisque c'est à mon amant que je les sacrifie. Si l'amour est un crime, ne m'enviez pas le bien d'être coupable pour vous. L'excès de sensibilité, qui fera peut-être le tourment de mes jours, m'est plus cher que la vie, s'il est le charme de la vôtre. Que dis-je? je sens qu'une éternité de peines, qui ne tomberoient que sur moi, ne sauroit balancer dans mon cœur l'objet que j'aime; & (j'en demande pardon à l'Etre souverain qui m'entend) sûre de sa colere, je n'en serois pas moins à vous; je ne craindrois que pour vous, & je le remercîrois, s'il m'accabloit de tous les maux, pour vous en préserver.

On vous a donc fait hier mon éloge, & vous l'avez écouté avec plaisir? c'est ce dernier article qui me touche. Je ne sens que les louanges qu'on vous donne, & ne peux jouir de celles qu'on daigne m'accorder, qu'autant qu'elles vous intéressent. C'est pour vous seul, c'est pour vous plaire, que je voudrois réunir tout ; & si j'enviois quelque chose aux autres, ce seroit pour vous offrir davantage, non pour avoir plus.

BILLET

De Mad. de Senanges au Chevalier.

JE hais tout ce qui me distrait de votre idée. Je voudrois retrancher de ma vie les instans que je passe loin de vous ; & je préférerois un désert, où, seule avec mon amant, je pusse le voir toujours, à cette foule d'hommages, faux ou vrais, dont on me croit si enchantée.

A propos de désert, on me contoit, ce soir, qu'un homme qui étoit seul, dans une loge, à l'Opéra, & ne se croyoit pas entendu, s'écrioit, à la vue d'une forêt : *Ma chere Maîtresse, que n'y suis-je avec toi ?* l'heureuse femme ! j'en veux à l'homme qui a dit cela ; ce transport & ce mouvement de sensibilité sont des larcins qu'il a faits à votre cœur.

LETTRE XXIII.

Du Chevalier, au Baron.

A h ! cher Baron, je vous ai tant de fois accablé de mes peines !..... il est bien juste qu'enfin je vous fasse part de mon bonheur. Je vous ai instruit de mon raccommodement avec Madame de Senanges; vous avez su les conditions qu'elle y a mises, & le serment qui l'a confirmé : je me soumets à tout. J'obéis, je combats, je souffre & n'en suis pas moins heureux ! c'est un secret particulier à cette femme unique, d'exciter les desirs les plus vifs, & de les enchaîner par un attrait plus doux, s'il est possible, que la félicité qu'ils promettent... quelquefois un trouble inexprimable m'agite; le désordre de Mad. de Senanges augmente le mien; je ne raisonne plus, ne vois plus, & suis

F iij

prêt à tomber dans ses bras ; c'est
alors qu'un seul de ses regards, im-
posans, quoique toujours tendres,
m'avertit, m'arrête, & me peint sa
reconnoissance, pour me dédommager du sacrifice : alors les desirs se
taisent ; il ne me reste plus à côté
d'elle que cette émulation d'héroïsme
& de délicatesse à qui je dois tous mes
plaisirs. Elle est loin d'être insensible
à l'ardeur que je renferme. Quelquefois des larmes furtives tombent de
ses yeux..... elle veut envain me les
cacher ; cache-t-on quelque chose à
ce qu'on aime ! Que de femmes suc-
combent avec froideur ! quelle ame
dans sa résistance ! elle allie tous les
transports de la passion à toute la dignité de la vertu. Elle a le délire de
l'amour, sans en avoir les foiblesses ;
elle me donne ce qu'elle peut donner,
& plus ses devoirs sont horribles,
plus elle se croit obligée de les remplir. Il n'entre, dans cette conduite,

ni manege, ni coquetterie, ni fausse gloire: elle est honnête, parce qu'elle ne jouiroit de rien, si elle ne l'étoit plus. Le suffrage public est moins ce qu'elle ambitionne, que la volupté secrette d'être bien avec soi-même, & toujours estimable aux yeux de son amant. Concevez-vous rien de plus sublime, qu'une femme jeune, belle, & sur-tout sensible, assez courageuse pour immoler sa jeunesse, ses charmes, ses sentimens, au tyran qui la persécute, & qu'elle abhorre ? Elle haït son époux, elle m'aime ; elle est fidele à l'un, & pleure dans le sein de l'autre les maux dont elle est, à la fois, & la cause & la victime ! que dis-je ? elle n'est fidelle qu'à ses principes ; non, non ; ce n'est pas M. de Senanges qui l'arrête..... O ciel! il conserveroit de pareils droits sur mon amante ! cette idée m'indigne, elle suffiroit..... attendons tout du tems

F iv

& de l'amour ; peut-être que son ivresse l'emportera sur de cruelles résolutions ; peut-être. . . . . ah ! renfermons dans mon ame, ce vœu coupable, ce vœu toujours renaissant, toujours plus enflammé : dois-je avoir une pensée qui puisse offenser ce que j'aime ? Baron, ne redoutez plus rien des fougues de mon âge ; tout est soumis, tout est dompté. Mad. de Senanges purifie le feu qu'elle allume ; je m'éleve à sa hauteur ; mon ame a tant à jouir ! elle est si délicieusement occupée, que les sensations n'agissent sur moi qu'à son insçu ; elles s'anéantissent dans le sentiment, & je m'accoutume à un bonheur qui n'a pas besoin d'elles, pour être entier, durable, & presqu'au dessus de l'humanité.

Combien j'en connois le prix ! que je le goûte avec reconnoissance ! il me semble que je vois se développer devant moi, une suite brillante de jours paisibles ; que ce calme est doux ! je chéris jusqu'à l'orage auquel il suc- céde. Adieu , Baron ! soyez toujours heureux ; votre ami commence à l'être.

LETTRE XXIV.

De Mad. de Senanges, au Chevalier.

JE reçois, en rentrant, un billet de mon beau-frere qui m'inquiete extrê-mement : il me demande un rendez-vous, pour demain au soir ; eh ! que peut-il avoir à me dire ? je l'ai vu hier, il étoit embarrassé, contraint : si c'étoit !... si son frere l'avoit chargé de me parler ! s'il avoit l'effroyable fantaisie de se raccommoder avec moi !.. Ah ! plutôt.... la mort, plutôt tous les supplices ensemble, que celui d'être arrachée à mon amant, de ren-trer dans l'esclavage, & de gémir encore sous le poids insupportable de la tyrannie ! j'en ai trop été la vic-time. Je m'y suis soustraite ; j'ai échappé aux chaînes de fer dont m'accabloit l'homme cruel qui vou-loit être craint & ne pouvoit être

aimé : jamais , jamais prieres , promesses, menaces , jamais rien ne me
fera renoncer au parti que j'ai pris.
De quel œil reverrois-je M. de Senanges ? comment supporterois-je sa présence, aujourd'hui qu'il auroit quelques reproches à me faire , & que son
injustice ne seroit plus, comme autrefois , ma consolation ? .... Pourquoi
ma tendresse pour mon pere fit - elle
faire en moi tout autre sentiment que
la crainte de l'offenser ?... Ce fut cette
crainte, ce fut la timidité de l'enfance
qui m'entraîna aux autels , & j'y jurai,
en frémissant, de chérir celui que j'o-
sois déja détester. Peut - être ce premier tort causa tous les siens ; sûr de
n'être pas aimé , sa fureur , sa violence, des emportemens incroyables
le vengerent de mon cœur, & affer-
mirent un éloignement que je ne pus
ni ne daignai lui cacher. Quel tems
de ma vie, grand Dieu ! combien votre amie , combien votre amante fut

malheureuse ! cet homme fut le tourment de mes jours , comme vous en
êtes le charme ; je le crains , je le redoute davantage , depuis que je vous
adore : il eut des droits affreux.....
lui ! ... cette idée redouble une horreur que je ne croyois pas susceptible
d'augmenter. Mes nouveaux soupçons, ses persécutions passées , mes
torts présents tout me le rend un
objet d'épouvante. Que dis-je ? je lui
pardonne les larmes qu'il m'a fait répandre ; mais non , le despotisme de
son cruel amour ; il est révoltant,
pour un être libre, dont la fierté s'indigne , & dont la délicatesse gémit,
qu'on prétende l'asservir, au lieu de
le mériter... Quoi ! M. de Senanges?...
Ah ! qu'il soit heureux , qu'il le soit
loin de moi ! je me respecte trop
pour faire part au public de mes sujets de plaintes. De quelque maniere
qu'on me juge , je ne me justifierai
point à ses dépens. Je n'en dirai point

de mal, & je m'applaudis de ce que,
même dans le tems où j'en ai le plus
souffert, je ne lui ai souhaité que du
bonheur ; mais jamais je ne retourne-
rai avec lui. Non, non, je ne quitte-
rai point la maison du meilleur des
hommes ; je passerai ma vie chez lui,
je la passerai auprès de lui ; & si le
ciel reçoit mes vœux, il abrégera
mes jours, s'il le faut, pour prolonger
les siens. Il me seroit moins douloureux de finir que de le perdre..... Pardon, cher ami ! je vous attriste & je
m'allarme peut-être mal-à-propos ;
mais ce billet me donne la fievre, je
n'en dormirai pas ; & puis, ce Commandeur... depuis deux ou trois jours,
il a des conférences secrettes avec
mon oncle. Dans le trouble où je suis,
mon cœur avoit besoin de s'épancher.
Parlons de vous ; j'aime à reposer mon
ame sur ce qui me fait remercier le
ciel d'en avoir une. Ne vous effrayez
pas ; vous savez que je suis extrême

dans mes craintes , comme dans ma
tendresse ; gardez - vous de partager
les premieres ; souffrez seulement que
je les adoucisse en vous les confiant.
Laissez-moi mes terreurs , je ne sup-
porterois pas les vôtres. Ne portez
votre imagination que sur des objets
doux & riants, & plaignez-moi, sans
vous affliger. Je vous manderai demain, si j'en suis quitte pour la peur.

BILLET.

Du Chevalier à Mad. de Senanges.

NON, non, il ne se confirmera point ce pressentiment qui vous agite. Les maux qu'il nous annonce sont trop affreux, pour que j'ose seulement les imaginer. Ah! dissipez vos allarmes, ne mêlez point d'amertume à l'ivresse de l'amour, à la sécurité du bonheur, à l'innocence de notre attachement. Sur quel motif M. de Senanges...... mais je ne veux pas même prononcer son nom; je ne veux m'arrêter que sur le bonheur d'être pardonné, de jouir de votre ame, de vous livrer la mienne, d'être tout entier à vous. Que je suis heureux! non, non, je ne crains rien. Que dis-je? vous vous effrayez, vous tremblez, & je suis tranquille!.... je

vous trompe ; est-il possible que votre cœur ait une peine qui ne réponde
au mien. Je vous verrai ce soir, &
j'espere que vos inquiétudes s'éva-
nouiront dans cette entrevue.

LETTRE

LETTRE XXV.

De Mad. de Senanges, au Chevalier.

Ah! mon ami, quelle affreuse scène je viens d'essuyer! j'avois raison de craindre; mes pressentimens ne me trompoient pas. Impatiente de savoir ce que le Commandeur avoit à me dire, j'arrive, je cours à son appartement: le premier objet qui frappe ma vue, j'en frémis encore, c'est mon persécuteur, mon tyran, l'homme qu'il m'a fallu jurer d'aimer, qui fit tout pour être haï; l'être qui ne m'inspira jamais que de l'effroi, M. de Senanges enfin. Dieu! quel moment! je me suis crue en son pouvoir. L'horrible serment qui me lie, mes malheurs passés, mes torts actuels, (si c'est un tort d'être sensible) sa présence m'a tout retracé; & mon amour même en eût acquis des forces,

II. Partie. G

s'il en pouvoit prendre de nouvelles.
Tremblante , éperdue , j'ai cru voir
mon tombeau s'ouvrir, j'ai cru voir
le barbare m'entraîner , m'arracher à
vous. J'étendois les bras vers mon
amant, je le demandois à tout ce qui
m'environnoit ; & , dans mon égarement , je l'eusse peut-être demandé à
M. de Senanges lui-même , si je n'é-
tois pas tombée, sans connoissance,
à ses pieds. Revenue à moi , je l'ai
trouvé aux miens ; ses mains pres-
soient une des miennes, je lai retirée
en frémissant , elle ne lui appartient
plus..... Je ne connois de maître que
le ciel & vous.

Madame , m'a-t-il dit , ma vue vous
effraie ; c'est ma faute & mon tourment. Je vous ai persécutée ; l'amour
au désespoir est cruel. Votre indifférence fut la source de mes fureurs ;
votre douceur ne put les calmer ; votre vertu ne vous mit point à l'abri de
ma jalousie. Je fus injuste, soupçon-

neux & haï; vous fûtes vengée; mais je peux me vaincre pour vous plaire. Je vous regrettai, je vous adorai toujours; je vous aime plus que jamais. Daignez me pardonner, revenez avec moi, rendez-moi digne de vous, & vous me rendrez au bonheur. Je repars dans deux jours, je compte que vous me suivrez.

Ces derniers mots ont ranimé mon courage. Non, Monsieur, non, lui ai-je dit; je ne vous suivrai point; vos sentimens me pénétrent de reconnoissance; je ne me souviens pas que vous ayez eu des torts avec moi: mais j'eus celui de ne vous pas convenir; je l'aurois toujours: nous serions malheureux l'un par l'autre; nos caracteres ne sympatisent point; la raison nous a désunis. Vous m'avez permis de demeurer chez mon oncle, souffrez que j'y reste.

Il m'a interrompu avec emportement, & d'un air terrible; je sais, a-t-il

repris, je sais la cause de vos refus ; …
je suis instruit, je le suis mieux que
vous ne pensez. Si j'ai dissimulé d'a-
bord, un reste de bonté pour vous
m'y portoit; je voulois éviter un éclat
déshonorant pour tous deux : mais
quand je vous promettois des jours
sereins auprès d'un mari offensé, je
vous trompois, & si vos chaînes vous
ont paru pésantes dans le tems que
je vous estimois, elles le seroient davantage aujourd'hui. …… Vous avez
perdu le droit de vous plaindre ; j'ai
acquis celui d'être inhumain & juste.
tremblez ; je vous aime, vous en êtes
indigne : je vous punirai de vos torts
& de ma foiblesse ; vous n'attendrez
pas long-tems les effets de ma vengeance. Je les attendrai en paix, lui
ai-je répondu ; je vous estime trop
pour vous redouter.

Il est sorti brusquement : le Commandeur l'a suivi. Après avoir cher-
ché inutilement à l'appaiser, il est re-

venu fort allarmé de ses menaces. J'ai repris mes sens pour lui faire les reproches les plus vifs. Mon frere, m'a-t-il dit, s'est mis à mes genoux, pour m'engager à vous demander , sans m'en expliquer le motif, un rendez-vous chez moi : j'ai eu beaucoup de peine à y consentir ; mais ses instances ont été si vives , & il me paroissoit si repentant du passé, si enivré d'amour ; il m'a tant juré que vous seriez contente de cette entrevue, qu'il a fini par me convaincre.

Le Commandeur est honnête, mais il est foible ; il aime son frere ; il voudroit que je retournasse avec lui. Ah , Dieu ! je le dois , dit-il ; & à qui le dois-je ? au public ? il peut m'accuser, non me contraindre. A M. de Senanges? l'abus de son pouvoir lui a tout ôté, il ne commande pas à mon cœur ; il ne m'est rien. Non, le ciel ne veut pas mon malheur. Je crois satisfaire l'Etre suprême & mon devoir, en

pardonnant au tyran & fuyant la
tyrannie. Tout m'éloigne de lui. Je
vous adore, c'est l'offenser ; & je
vivrois avec lui ! vous ! si aimé, si
digne de l'être, je vous abandonne-
rois ! j'irois baigner de mes larmes,
des lieux que vous n'habiterez jamais,
des lieux où il me faudroit, avant
d'expirer de douleur, trouver l'enfer
dans ses bras..... J'ai prononcé, en
tremblant, dans un âge où l'on se
connoît à peine, un serment que je
détestai toujours ; celui qui ne m'en a
fait sentir que le poids, en a brisé les
liens : mon cœur a choisi ; le crime
seroit de trahir mon amant ; & c'est
à vous, à vous seul que je veux être
fidelle.

LETTRE XXVI.

Du Chevalier, à Mad. de Senanges.

O la plus courageuse, la plus infortunée des femmes ; mais sûrement la
plus aimée ! quoi ! vous avez résisté
aux prieres, aux menaces, aux emportemens du cruel qui vouloit vous
arracher à moi ! ne vous repentez
point de cet effort : l'amour nous sou-
tiendra... nos ames sont d'autant plus
unies, que la vertu seule a serré le lien
qui les attache. Oui, barbare ! tu auras beau faire, tu ne pourras nous
enlever le sentiment immortel qui
nous anime ! O vice effrayant de notre
législation ! par-tout des entraves,
des préjugés, & le malheur ! le cœur
par-tout en contradiction avec la loi !
la tyrannie, toujours sacrée, quelque
forme qu'elle prenne ; & la nature

prostituée aux plus viles conventions des hommes !

Les femmes ont raison, quand elles trahissent, quand elles déshonorent, quand elles diffament un sexe orgueil-leux, cruel & absolu, qui soumet des êtres sensibles à la force, les réduit à souffrir ou à tromper, les punit de leurs maux, & venge sur eux ses propres crimes. Une jeune fille, trem-blante sous l'autorité d'un pere, s'a-vance à l'autel, comme une victime qui marche au sacrifice. Le respect & la crainte lui arrachent le mot fatal interrompu par ses sanglots; & la voilà chargée de chaînes éternelles, parce qu'il lui échappe un serment qu'il est affreux d'exiger, & contre lequel son cœur réclame, en même tems que sa bouche le prononce ! Le vôtre est resté libre en dépit du pou-voir paternel, & des fers de la coutu-me : vous me l'avez donné, il est mon bien, mon trésor, ma vie ; je les défendrai contre toutes les puissances de l'univers. Eh! quels sont donc enfin les droits de votre despote? Elle est nulle votre promesse. On l'a surprise à l'inexpérience d'un âge qui ne sait ni résister, ni combattre, ni surtout prévoir. Pouvoit-on disposer de votre cœur, à l'insçu de votre raison? Réflexions, hélas! trop inutiles! peutêtre, en ce moment, votre persécuteur travaille à nous désunir, & prépare le poignard dont il doit nous immoler tous deux : qu'il tremble! s'il vous ravit à mon amour, il rompt tous les nœuds qui me retiennent, il laisse un champ libre à ma fureur; je ne vois plus en lui qu'un indigne rival, & non le mortel que vous m'ordonnez de respecter : son sang ou le mien!.... Ah! pardonnez, pardonnez à des mouvemens de rage, que je retiens à peine.... mais qu'il faut encore que je vous sacrifie. Le monstre! il vous est sacré! il doit me l'être! ô ciel!... & ce droit précieux , ce droit consolant de l'homme qu'on outrage , la vengeance m'est interdite par l'amour ! Eh bien ! si votre époux se portoit aux extrémités que nous craignons, j'irois, oui j'irois tomber aux pieds de l'inhumain ; je l'assurerois moi - même de votre innocence ; j'aurois le ton qu'on a lorsqu'on dit la vérité ; je saurois le convaincre, ou mourir de ma main, si ce n'étoit pas de la sienne. ... Vous voyez quel est mon trouble. Votre lettre m'a mis hors de moi ; je suis en proie aux terreurs, au courroux concentré, à l'amour le plus tendre... Hélas ! qu'il a peu duré, le calme dont nous jouissions, & dont je m'applaudissois ! j'étois si heureux ! je croyois l'être toujours ! vous m'aimez ! je le suis encore.... ce bonheur est indépendant du ciel , de la terre, & des orages de la destinée. Adieu.

BILLET

De Mad. de Senanges au Chevalier.

Quel réveil ! qu'ai-je appris ?.....
cette nuit !.....à l'heure précisément
que vous êtes sorti de chez moi.....
Deux hommes se sont battus...voilà
ce que mes gens ont entendu dire ce
matin, & ce qu'ils m'ont répété.....
si c'étoit... grand Dieu ! je n'ose vous
faire part de mon soupçon , tant il
m'effraie.... Ecrivez-moi , parlez-moi
vrai, je vous l'ordonne, je veux être
éclaircie.... le doute me tue.

BILLET

Du Chevalier, à Mad. de Senanges.

L'AVENTURE d'hier n'est point effrayante. Puisque vous l'exigez, je vais vous la conter telle qu'elle est : en vous quittant, (comme le tems étoit beau) j'eus la fantaisie de marcher, & fis suivre ma voiture. Elle étoit déja assez loin, lorsqu'un homme s'élance comme un furieux de la petite rue attenante à votre maison, en me criant, défendez-vous ; il avoit l'épée à la main, je tire la mienne ; mes gens entendent le cliquetis des armes, ils accourent. J'eus beau leur imposer silence, ils appellent, jettent des cris : Mon adversaire alors rompt la mesure, se renfonce dans la rue d'où il étoit sorti, & disparoît ; je remonte en voiture, & rentre chez moi, surpris, mais peu troublé de

cet événement. C'est quelqu'un qui
se sera trompé : en s'appercevant de
son erreur, il aura craint d'être connu ; voilà comme j'explique l'énigme
de ce combat. Revenez à vous : tant
que ma vie vous sera chere, j'aurai le
courage de la défendre.

BILLET

De la même au même.

VOILA deux jours que je ne vous vois point, je meurs d'inquiétude......
quel est donc ce mystere? expliquez-
vous; vos billets ont quelque chose
de contraint, de mystérieux.... que
penser, que croire?.... tout ce que
j'imagine me fait trembler; ne me
trompez pas. Ce matin Dumont avoit
l'air allarmé.... cher amant, seriez-
vous... je frémis, & n'ose achever...
mes pleurs coulent malgré moi: rassurez-moi; je suis au désespoir....

LETTRE XXVII.

De la même au même.

C'EST lui !.... je l'avois deviné ! votre domestique l'a reconnu, il vous l'a dit ; vous vous en doutiez : mais vous avez feint de n'en rien croire.

Ah ! cruel ! je sais tout ; je succombe.... une nuit affreuse m'environne. Oui, j'ai fait venir Dumont, & j'exige que vous ne lui en disiez rien. Il n'a pu résister à mes instances, il a parlé, cet instant a pensé me coûter la vie. O vous, qui m'êtes bien plus qu'elle, vous êtes blessé, peut-être en danger.... M. de Senanges.... le barbare ! qu'il connoît bien mon cœur ! pour le déchirer mieux, ce n'est pas mon sein qu'il perce ; & je n'ai pu détourner vers moi le coup qui me fait mourir mille fois !.. C'est maintenant que cet homme est mon bourreau. Il me laisse vivre, pour me faire sentir tous les maux, hélas!.... le supplice d'être liée à lui, & le désespoir de trembler pour vous.

Il y a trois jours, en vous quittant, j'étois loin de prévoir ce qui alloit se passer. Et c'est moi qui vous adore, moi qui suis la cause de cet affreux événement! Sans moi, vos jours seroient heureux, rien n'en troubleroit la douceur; c'est moi qui vous assassine! pourquoi vous ai-je connu? vous m'avez donné l'être, & votre sang a coulé pour moi! moi, qui pairois, de tout le mien, une seule de vos larmes! Qui donc a instruit M. de Senanges? d'où peut-il savoir?... eh! que sait-il? je ne l'aimai jamais; je ne lui enleve rien; ce qui fut à lui, je le refuse à l'amour.... à vous! que pouvois-je de plus? n'importe, le cruel est mon époux, & je vous demanderois le silence le plus profond sur sa fureur, si votre générosité ne m'avoit pas prévenue.

Je

Je suis ma lettre, je cours; ni lui, ni les circonstances, ni les périls ne peuvent m'arrêter; le blâme de l'univers, le courroux du ciel, tous les maux ensemble devroient fondre sur ma tête, que je volerois au devant d'eux pour arriver jnsqu'à vous. J'ai obéi aux bienséances; j'ai été la victime du devoir: vous souffrez, je n'en connois plus. Mon incertitude, mon saisissement, ma douleur...... dans une heure, je saurai.... je vous verrai, je n'ai plus la force d'écrire; je vole chez vous.

LETTRE XXVIII.

Du même à la même.

JE bénis & ma blessure & mes maux passés, & la fureur de M. de Senanges ; c'est à lui que je dois le plaisir le plus vif que j'eusse encore goûté. Vous m'êtes venu chercher jusques chez moi ; je vous ai vue assise auprès de mon lit ; j'ai vu vos larmes couler ! le bonheur ne peut aller plus loin. Ne vous repentez pas d'une démarche qui vous honore ; tout s'ennoblit par le sentiment. Il est mille femmes qui tiennent plus aux bienséances qu'à la vertu ; mais qu'il en est peu qui, comme vous, s'affranchissent des entraves de l'étiquette, & dédaignent le blâme d'une action, quand elles sont sûres, & qu'elles peuvent être fieres de son principe. Oui, vous venez d'ajouter à mon admiration.

(115)

Combien je remercie le sort, que, dans mon aventure avec M. de Senanges, l'avantage lui soit resté! Si j'eusse versé une goutte de son sang, j'élevois une barriere entre nous deux!... Ah! que plutôt il repande tout le mien! Ne craignez plus la rage de votre époux; sans doute, elle s'est épuisée sur moi; que je me trouve heureux! je suis entiérement guéri, c'est l'effet de votre présence.

H ij

BILLET

De la même au même.

JE ne vous dirai rien ce soir qui ne soit triste comme moi ; je ne suis pas encore revenue de tous les événemens, qui depuis quelques jours agitent ma destinée ; pourquoi donc vous écrire?.. Hélas ! pour parler à vous, pour vous dire combien je vous aime, pour me dédommager du peu de tems que nous passons ensemble, & charmer le regret d'en être éloignée ; voilà bien des raisons , lorsqu'il ne faudroit que deux mots ; je vous écris, parce que je ne peux m'en empêcher, parce que c'est l'attrait de mon cœur, son plaisir, ou sa consolation. Il est deux heures après minuit, je ne puis me résoudre à me coucher ; je suis pénétré d'une terreur secrette.... je crains de perdre un seul des momens où je puis vous assurer de mon amour.

BILLET

De la même, au même.

Une lettre de cachet, un ordre du Roi....... je ne vous verrai plus. O Dieu! c'en est fait..... de quel crime suis-je donc coupable?... plaignez-moi, conservez-vous, ne vous affligez pas.... respectez M. de Senanges; ou vous me perdez sans retour.... on entraîne votre amante..... où? dans quel lieu?.... je ne sais; mais votre image, mon amour & mon innocence m'y suivront.... J'emporte vos lettres, votre portrait, le seul bien qui me touche, le seul que je posséderai désormais; j'abandonne le reste... on me laisse à peine le tems de vous écrire.... mon désordre, mes larmes.... quand vous recevrez ma lettre, quand vous apprendrez..... Sort barbare, je te pardonne tout, si tu épargnes ce que j'aime. Adieu, je vous adore : vivez pour m'aimer. Adieu , adieu; ce mot affreux! . . . il est peut-être le dernier que je vous dirai. . . . . Cher amant! je me meurs. . . . . . soyez tranquille ; je prendrai soin de ce qui vous est cher.

LETTRE XXIX.

Du Chevalier au Baron.

DÉCENCE, honnêteté , vertu, rien n'est sacré.... pleurez, Baron, pleurez le crime des loix , le renversement des principes , l'outrage fait à l'amour, à l'amitié , à tous les sentimens. On vous enleve votre amie , on me ravit ce que j'adore... Madame de Senanges est au couvent , elle y est depuis huit jours. Dans le premier moment de cette horrible catastrophe, je n'ai pu vous la mander ; j'étois insensible à force de maux ; mes yeux ne voyoient point , ma main tremblante ne pouvoit écrire ; mon désespoir étoit stupide & morne... Impitoyable Senanges , tigre qui me déchires, es-tu content ? ta rage est-elle assouvie ? Nous ne la verrons plus , cette femme adorable ! elle a disparu de la société : l'univers n'existe plus pour elle. Ses larmes coulent dans la solitude ; & elle n'a personne qui les essuie.

Baron, cette idée m'accable ; je ne puis la supporter. Ah ! quand cet homme m'attaquoit avec tant de fureur, pourquoi son épée ne s'est-elle pas plongée toute entiere dans mon sein ? Pourquoi n'a-t-il pas joui de mon dernier soupir ? d'où vient existé-je encore ! que dis-je ?.... Hélas ! si je n'étois plus, quel cœur resteroit à Madame de Senanges ? qui répondroit à ses gémissemens ? Elle souffre ! vivons pour souffrir avec elle : mon malheur surpasse le sien, c'est ma seule consolation.

Baron, je ne voulois pas vous croire, quand vous vous livriez à vos soupçons sur Madame d'Ercy.... Eh bien ! c'est elle, j'en frémis !... oui, c'est elle qui a tout fait ; c'est-elle qui a instruit M. de Senanges, qui l'a reçu, qui a conspiré ma perte. Je viens de lui écrire & de la confondre! elle a poussé la noirceur, jusqu'à indiquer le couvent de * * * , dont sa parente est Abbesse.... La cruelle! c'est sous l'éclat des charmes les plus séduisans, qu'elle cache l'ame la plus atroce. Beauté, prestige trompeur, je te dé-teste, depuis que tu as servi de mas-que à un cœur faux & méchant.... Et j'ai aimé cette femme! j'ai aimé celle qui désespere Mad. de Senanges! Je suis contraint de respecter les jours du mortel qui l'assassine! elle me l'a ordonné avant que de partir! il faut me soumettre à ses ordres! il le faut.... Concevez - vous, Baron, une situa-tion plus épouvantable?

Ce n'est pas tout : je nuis à ce que j'aime, en le défendant. On déshonore la vertu même, & je ne fais qu'appé-santir ses fers, quand j'éleve la voix pour elle! Je suis entouré d'hommes foibles & cruels, qui, sans verser une

larme sur la victime, donnent toujours raison à celui qui l'égorge, de
femmes impitoyables, idoles languis-
santes pour tout bien, qui ne se rani-
ment qu'au mal d'autrui, & dont la
coquetterie jouit avec délice du désastre de celle qui les éclipsoit toutes...
Ah ! Baron, Baron ! quel monde ! &
mon devoir m'y attache ! je le quitte-
rai, je le fuirai ; Mad. de Senanges ne
l'embellit plus, je n'apperçois que ses
vices.

Etre sacré, tendre objet de la plus
amere douleur, toi, dont je connois
l'ame, dont le courage est au dessus
du mien ! va, je te jure que tes malheurs m'attachent encore plus fortement à toi ; mon amour se nourrit de
sa tristesse, se complaît dans ses dé-
chiremens: ma vie t'appartient jusqu'à
son dernier souffle. Puissent mes sanglots pénétrer dans la tombe antici-
pée où tu es descendue ! Puissent - ils
te répondre du cœur qui t'idolâtre !

Cher Baron... je peux aussi l'assurer du vôtre... elle est malheureuse, vous l'aimez davantage, vous l'estimez toujours.

Dieu ! que vais - je devenir ? il est impossible que mes lettres lui parviennent ; n'importe : je lui écris, à tous les instans ; je me satisfais, je répands mon ame, je m'adresse à la sienne ; j'épanche un sentiment profond, il me semble que le papier s'anime sous l'expression de mon amour.

Quoi ! Baron, n'est-il aucun moyen de tirer Madame de Senanges de sa prison ? Tout est - il donc fini pour elle & pour moi ? Ses yeux ne rencontreront - ils plus les regards de son amant ? Vous avez conservé quelques connoissances qui peuvent la servir, faire valoir les droits de la vertu, appuyer vos prieres & confondre l'injustice. Parlez, agissez ; je saisis ce rayon d'espoir, mon respectable ami ! je vous devrai tout.

S'il existe encore des êtres sensibles, Madame de Senanges trouvera des protecteurs. Vous les remplirez de votre ame, vous les toucherez par votre éloquence ; vous sécherez les larmes de deux amans, & vous serez le Dieu de l'amitié.

LETTRE XXX.

De la Marq. d'Ercy , au Chevalier.

EN vérité, Chevalier , on ne s'attend point à un assaut comme celui-là. Je suis encore toute émue de vos reproches ; vous êtes d'un pathétique effrayant, & , si cela continue , vous deviendrez un vrai fléau de société. Vous ne savez donc pas que j'ai de misérables nerfs qu'un rien agace ? Ils avoisinent le cœur ; tout se tient dans le monde ; & vous venez avec votre douleur , vous jetter , sans ménagement, tout au travers de ma sensibilité. Je conçois vos peines ; mais il est indiscret de m'en accabler ; & , parce que vous souffrez, il ne faut pas que je suffoque. Par exemple , vous m'accusez d'avoir trempé dans l'horrible tort que vient d'avoir M. de Senanges avec sa femme: comment

voulez-vous que je ne sois pas affec-
tée d'une pareille imputation ? Moi,
ne pas respecter vos amours ! Moi,
vous enlever ce que vous aimez ! Est-
ce ma faute, si celle que vous adorez
a un mari jaloux, & sujet à quelques
vivacités ? il est vrai que la derniere
est un peu forte ; cet homme-là devient difficile à vivre ; & je n'imagine
rien de plus gênant pour vous, que
la maniere dont il se conduit : mais
en suis-je responsable ? quand ces
maudits maris ont une fois le travers
de trouver mauvais que leurs femmes
aient des amans, il n'est plus possible de leur faire entendre raison. Que
voulez-vous ? on ne peut que gémir
alors sur le sort des infortunées que
ces emportés-là persécutent. J'ai reçu
secrettement M. de Senanges, dites-
vous ; oh ! la bonne idée ! ce seroit la
premiere fois que j'aurois mis de la
discrétion à quelque chose. Croyez-
moi, je l'ai reçu sans mystere ; je l'ai

vu, parce que telle a été ma fantaisie ;
il est amusant avec ses fougues & son
désespoir.

Un jour qu'il étoit bouffi de colere,
(je l'aime comme cela) il me dit
qu'il alloit faire renfermer sa femme.
On ne s'attend point à ces sortes de
boutades ; il étoit trop furieux pour
que j'osasse le contredire ; je me con-
tentai de gémir intérieurement. Vou-
liez-vous que je me fisse étrangler ?
Je le répéte, il n'est pas douteux que
cet incident-là ne vous dérange horri-
blement.... Il faut prendre patience,
mon cher Chevalier.

Savez-vous bien que votre situation
a même un côté très-avantageux ? Si
Madame de Senanges fut restée dans
le monde, vous vous seriez, à coup
sûr, familiarisé avec ses charmes ;
(on se fait à tout) elle seroit devenue
moins piquante à vos yeux: cette catastrophe renouvelle & ses attraits &
vos sentimens. Une femme n'est ja-

mais si belle, que quand on la voit
dans la perspective ; l'imagination
s'enflamme ; on embellit ce qu'elle a,
on lui prête ce qu'elle n'a pas. D'ailleurs, un peu de chagrin ne messied
point ; nous en contractons nous au-
autres une sorte de langueur touchante, qui est une arme de plus pour la
coquetterie, & qui intéresse par l'al-
tération même de la beauté.

Autre motif de consolation : telle
femme dont on ne disoit rien, lorsqu'on l'avoit sous les yeux, devient,
quand elle disparoît, le sujet de tous
les entretiens ; ceux qui ne l'ont pas
eue, triomphent ; ceux qui s'arran-
geoient pour l'avoir, se désesperent.
Ses rivales exagerent ses torts, ou
l'accablent de leur pitié. On en parle,
elle occupe ; &, s'il faut aller plus
loin, je trouve, moi, que c'est un
état que d'être au couvent. Je ne plai-
sante point ; pourvu qu'on y reste un
peu long-tems, on doit tirer un grand

parti

parti de cette position. Elle épouvante d'abord, & elle a ses agrémens,
comme mille autres choses.

C'est, en étendant ainsi ses idées,
qu'on se met au dessus des événemens ; mais vous êtes , vous, d'un
sombre désolant; c'est un abîme que
votre cœur ! on n'osera plus en approcher. Consolez-vous , mon pauvre Chevalier ; sur-tout ne m'écrivez
plus des lettres lugubres ; ces lamen-
tations - là me serrent le cœur, me
noircissent la tête. Si vous ne chan-
gez pas de style, je finirai par ne plus
vous lire ; & vous sentez que ce seroit
pour moi la plus affreuse des privations.

LETTRE XXXI.

Du Baron au Chevalier.

JE ne vous fais plus de reproches, mon cher Chevalier, je ne raisonne plus, je pleure. Croyez que votre austere ami sait donner des larmes à l'infortune. Celle de Madame de Senanges est affreuse; la vôtre.... ah! c'en est fait: tant que vous souffrirez tous deux, il n'est plus de bonheur pour moi. N'en doutez pas, je vais agir. J'avois rompu toute communication avec les gens en place & les personnes qui sont avec eux les dépositaires du crédit; je reprends toutes mes relations, pour tâcher de vous être utile. J'ai déja écrit à la Maréchale de ***: c'est une femme vertueuse sans pédantisme; elle ne juge point sur les apparences, & me croira: elle a d'ailleurs la plus grande influence sur ce qui se passe à la Cour; & je suis sûr de l'intéresser en faveur de l'être charmant qu'on accable. J'ai un autre projet qui réussira, si Senanges n'a point perdu tout sentiment d'humanité. Hé bien ! avois-je mal prévu ? avois-je raison de vous détourner d'un attachement qui ne pouvoit manquer d'avoir des suites cruelles ? Ne revenons point là-dessus..... Combien je vous plains , combien je suis à plaindre moi - même ! Envain j'ai cru , dans ma retraite , jouir quelque temps d'une ame tranquille ; la mienne n'est plus à moi : vous en disposez ; vos soupirs s'y répétent. Les fleurs de mes champs , l'ombre de mes bois , n'ont plus de charmes pour moi ; vos chagrins ont tout flétri , tout empoisonné. On peut se mettre soi - même hors de la portée des coups du sort ; mais quel est le mortel dur que n'atteint point le malheur d'un ami ?

I ij

LETTRE XXXII.

*De Madame de ***, au Chevalier de Versenai.*

LES barbares ! ils vous l'ont arrachée ! ils vous l'ont ravie ! qu'a t-elle fait ? ô mon cher Chevalier ! cette nouvelle est venue jusqu'à la campagne où je suis ; chacun en parle à sa maniere ; les uns sont pour Madame de Senanges, les autres pour son mari ; ceux-là sont des monstres. Ah! que ne pouvez-vous m'entendre ? dès qu'on me contrarie, j'entre dans une colere ! … si l'on insiste, mes larmes coulent, & mon attendrissement persuade plus que mes raisons. Je ne puis souffrir qu'on rie autour de moi ; l'aspect des heureux me choque ; mon amie est dans les pleurs. Hélas ! pourquoi l'avez-vous aimée ? que ne respectiez - vous son repos ? je m'en

prends à vous , à moi , à tout l'univers ; elle souffre , il est coupable. Le
sacrifice le plus courageux de la passion la plus vive, voilà donc ce qu'on
punit en elle !. On ne sait pas combien
elle est vertueuse , on ne le sait pas ,
& on la juge ! on la calomnie ! elle est
le jouet d'un monde qui confond le
tort & l'infortune ! on lui fait bien
expier ses charmes , hélas ! on lui ôte
jusqu'à ses vertus. J'ai le cœur serré ,
je l'épanche avec vous ; j'en avois besoin. Malheureuse femme ! comment
lui écrire ? Sans doute , les ordres les
plus rigoureux sont donnés , pour
empêcher les lettres d'arriver jusqu'à
elle ; mais quel est l'obstacle qui ne
soit applani par l'amour ? Si les vôtres
lui parviennent, ô mon cher Chevalier, soyez auprès d'elle l'interprête
de mes chagrins, de mon désespoir ;
dites-lui bien que tout ce qui lui arrive , ne fait qu'ajouter à mes sentimens ; dites-lui, répétez-lui cent fois,

I iij

que je l'aime plus , & ne l'estime pas
moins. Oui, oui, plus on se déchaîne
contr'elle , plus je m'y attache. Je
connois son honnêteté , je lui dois
hommage. Tant qu'elle a joui de quelque repos, je l'ai respectée, je lai chérie : on me la rend sacrée , depuis
qu'on la persécute. Hélas ! que ne puis-
je pénétrer dans sa retraite , partager
sa solitude , & lui prouver, par les
soins les plus tendres, qu'une infortunée peut garder une amie ! Je fais
gloire d'être la sienne ; donnez - moi
de ses nouvelles ; jusques-là , je vais
languir , détester tout ce qui m'environne. La campagne me paroît affreuse ; je vois toujours Madame de
Senanges abandonnée , gémissante,
séparée de ce qu'elle aime , & je ne
jouis qu'à regret d'une liberté qui me
rappelle son esclavage. Et M. de Valois, que dit - il ?... Que je le plains !
j'attends votre réponse ; ma seule
amie , ma respectable amie ! hom-

mes injustes !... Adieu : je m'attendris ; je m'afflige ; & votre douleur n'a pas besoin du surcroît de la mienne : que voulez-vous ? l'ame que je crois la plus attachée à Madame de Senanges, est celle où j'aime à répandre le regret de l'avoir perdue.

LETTRE XXXIII.

Du Baron, au Vicomte de Senanges.

Vous serez surpris d'abord, Vicomte, de la démarche que je risque auprès de vous ; mais lisez ma lettre jusqu'à la fin, &, si vous ne l'approuvez pas, il sera toujours tems de me repentir.

J'ai connu Madame de Senanges, lorsqu'elle étoit encore enfant ; j'allois souvent chez son pere ; je suivois, avec une complaisance attentive, le développement de cette ame noble, courageuse & pure : je l'aimois, comme si elle eût été ma fille ; & j'avois de moins le bandeau de l'amour paternel, si épais pour cacher les défauts.

Pendant les premieres années de votre mariage, vous me permîtes de la voir. Je vous ai , plusieurs fois , ouvert les yeux sur ses bonnes quali- tés. Plus d'une fois , j'ai réprimé vos premiers transports ; vous commen- ciez par être furieux , vous finissiez par être reconnoissant. Aujourd'hui , le mal est fait ; mais qui répare, n'est plus coupable ; & le mal même dont on rougit , est une leçon précieuse qui tourne au profit de la vertu. De quelque maniere que vous me jugiez, un homme désintéressé qui vit à la campagne , loin des relations , des intérêts , des intrigues, & qui, du fond de sa retraite , éleve sa voix pour vo- tre femme , ne peut être que votre ami. C'est à ce titre que je vous parle ; c'est à ce titre que vous devez m'en- tendre.

J'apprends par la voix publique , que vous venez de faire mettre Mad. de Senanges au couvent ; & moi , Vicomte , je vous demande à vous- même quel est son crime ? Je vois , d'ici, la passion qui s'apprête à me répondre ; mais c'est à votre raison que je m'adresse. L'une agit en aveugle ; c'est l'autre qui juge. Encore une fois, quel est le forfait que vous punissez dans Madame de Senanges ? L'hymen vous unit ; (voilà votre malheur & le sien !) l'hymen impose des devoirs, elle les a tous remplis ; des sacrifices ; rappellez-vous ceux qu'elle a faits : mais vous vouliez de l'amour ! Eh ! soyons justes : se commande-t-il ? L'attrait peut-il naître de l'autorité ? connoissez-vous, Vicomte, une puissance qui puisse détourner l'instinct irrésistible de la nature ? C'est elle qui produit le charme que nos conventions contrarient ; c'est elle qui avertit le cœur de ce qu'il lui faut pour être heureux ; c'est elle qui fait rêver une jeune personne ; & tout est perdu, quand une réalité triste dément les douces chimeres dont elle s'étoit bercée. Que pouviez-vous attendre de Madame de Senanges ? de la vertu. La disproportion de vos âges devoit nécessairement exclure la sympathie, ce nœud secret qui lie les ames, comme le contrat unit les fortunes. Madame de Senanges vous regardoit comme un guide qui devoit la conduire, la préserver des écueils, & lui donner le fil du labyrinthe où elle alloit entrer ; mais ce guide pouvoit être son ami... qu'a-t-il fait pour le devenir ?

Quand les parens se lasseront-ils d'immoler leurs filles aux vils calculs de l'avarice, de peupler la société d'époux qui se haïssent, d'enfans peu chéris, & de tyrans & de victimes ?

Il est des momens où je serois tenté de défendre les femmes, même dans l'excès de leurs égaremens. Elles ont à couler quelques jours de bonheur, & l'on y répand l'amertume ; on les condamne aux devoirs les plus rigoureux, dans l'âge où elles n'ont que la force de sentir. Le cœur trompé s'aigrit & se révolte ; ce qui n'eût été en elles qu'un penchant naïf, le garant de leur innocence , devient un goût effréné qu'elles pleurent, qui les dé-grade, & qu'elles ne suivent que pour être, même dans leur désordre, fi-delles encore à la voix de la nature.

Daignez me répondre. Madame de Senanges s'est - elle jamais laissée en-traîner à l'exemple d'une telle con-duite ? Pendant sept ans que vous avez vécu avec elle, l'œil perçant de votre jalousie a-t-il pu lui découvrir un tort ? Elle gémissoit de vos fu-reurs, sans songer à s'y dérober. Des gémissemens concentrés, triste con-solation de l'infortune timide, doi-vent-ils servir de prétextes pour l'ac-cuser ?

Lassée de vos persécutions & de vos malheurs, encore plus que des siens, elle a désiré une séparation à laquelle vous avez consenti ; elle a vécu à Paris, sous les yeux de son oncle, d'une maniere irréprochable, & c'est après quelques jours passés dans le calme, que sa vie devient plus orageuse que jamais.

Vous croyez les propos, vous vous fiez aux conjectures, vous vous laissez infecter de soupçons ; &, sans autre preuve, vous flétrissez, vous emprisonnez, vous déshonorez avec éclat un être vertueux, qui s'est toujours respecté, & ne s'est jamais armé de vos torts, pour s'autoriser à une foiblesse. Je sais que vous croyez le contraire ; je suis mieux instruit que vous, & je dois vous désabuser. Si Madame de Senanges est sensible, elle a un droit de plus sur vous ; elle vous a immolé son sentiment : j'en ai la certitude, & je serois coupable de taire une vérité qui peut être utile à l'inno-cence. Croyez que je ne la défendrois pas, si sa conduite eût même été suspecte.

Revenez à vous, Vicomte ; rendez à votre femme la liberté, la gloire, ce qui lui est dû, ce que vous ne pouvez lui arracher sans barbarie, sans vous préparer d'éternels remords. Convenez hautement que vous avez été trompé. Qu'il sera honorable, cet aveu ! qu'il sera digne de vous ! quelle impression il fera sur l'ame de Madame de Senanges ! vous êtes malheureux, vous allez cesser de l'être. Si vous saviez combien une belle action soulage !.... mais, vous le savez, vous êtes généreux, vous n'avez besoin que d'un ami assez ferme, pour mettre un frein aux passions qui vous emportent. N'obtiendrai-je rien ? La belle Madame de Senanges, que vous avez aimée, que vous aimez encore, languira-t-elle dans l'ombre d'un cloître ?

Est-ce - là le tombeau que vous lui
préparez ? Faudra-t-il qu'elle y des-
cende vivante, & qu'elle y soit traînée
par vous ? Non, vous serez plus humain , & je sens, à mes pleurs qui
coulent, que vous êtes attendri vous-
même.

LETTRE XXXIV.

Du Vicomte de Senanges, au Baron.

J'APPROUVE ce que vous me dites, Baron, & ne puis faire ce que vous me conseillez. C'est à force d'infortune que mon ame est inflexible. Je crois à la vertu de Madame de Senanges, j'en ai même la conviction; & plus j'y crois, moins je veux me rétracter. Si elle avoit des torts réels, peut-être les lui pardonnerois-je, plutôt que mes fureurs, plutôt que mes injustices produites par son indifférence. Je sens tous les feux de l'amour, & je suis haï.... N'est-elle pas assez coupable? Faut-il donc que je souffre seul! elle ne songe à moi qu'avec horreur; mais elle y songe au moins. Ses peines lui rappellent mon image; & cette jouissance atroce plaît au cœur désespéré qui n'en peut obtenir une autre.

autre. Croyez que je me suis plus
d'une fois attendri sur un supplice que
j'ordonne ; mais cet attendrissement
se tourneroit en rage, si j'imaginois
qu'elle pût en être instruite. Je pleure
sur ses fers, à condition de ne jamais
les briser. Au reste, j'ai une espérance ; c'est que je cesserai bientôt
d'être : que dis-je ? j'en ai un pressentiment, & je m'y plais. Ce même
homme, qui ne respire que pour la
tourmenter, ne souhaite la mort que
comme la fin de ses tourmens. Le
croiriez-vous ? au moment où je vous
écris, mes larmes coulent, & je per-
siste dans ma résolution. Je maudis
le ciel de l'ame qu'il m'a donnée.
Combien les passions y sont brûlan-
tes ! combien le chagrin s'y appro-
fondit ! Votre lettre a fait sur moi tout
l'effet qu'elle pouvoit faire ; elle m'a
attendri, sans me changer. Adieu ; je
suis moins vengé que puni.

II. Partie. K

LETTRE XXXV.

Du Chevalier, au Baron.

QUEL moment de regret, d'ivresse, de douleur & de charmes! Après ce que j'ai fait pour l'amour, il ne me reste plus que d'en instruire l'amitié.... Je veux que mon cœur aujourd'hui épuise tous les plaisirs.... Je viens de la voir.... oui, je l'ai vue. La grille, les verroux qui l'enferment, les fossés qui l'entourent, tout a été vain.... Je l'ai vue, jugez de mon ravissement! Cette aventure est accompagnée de circonstances intéressantes, & je ne veux, ni ne dois vous en taire aucune.

Avant-hier, dans un accès de la plus noire mélancolie, abhorrant les devoirs auxquels je suis attaché, & le mouvement d'une Cour qui me fait mieux sentir la solitude de mon cœur; lassé de tout, à charge à moi-même,

je pris soudain le parti de fuir, de m'é-
loigner d'un monde bruyant, & de
me rapprocher du désert où languit
le seul objet qui m'attache encore à
l'existence. Je me jette dans ma chai-
se, accompagné de l'honnête Dumont, & pars pour le village de ***,
qui est à vingt lieues de Paris, & à
une demi - lieue du couvent de Mad.
de Senanges. Je descends à la premiere auberge, j'y laisse Dumont,
je lui dis de m'attendre, de n'être pas
inquiet; & seul, je m'achemine vers
le lieu fatal, unique but de mon voyage. Ah ! Baron, quel séjour !

Il a en perspective, d'un côté, une
forêt antique & sauvage; de l'autre,
il est dominé par un côteau aride, où
sont épars çà & là quelques sapins
dont le feuillage attriste. De-là tombe
avec un bruit effrayant une source
qui semble gémir au lieu de murmurer.

L'horison resserré de toutes parts,
n'offre rien à l'œil que de lugubre. On

diroit que le ciel craint de se montrer à cette terre ingrate & abandonnée. Cet asyle a l'air d'être destiné pour des criminels, & c'est la vertu qui l'habite? c'est Madame de Senanges qu'on y renferme?

Quand j'y arrivai, le jour étoit sur son déclin. Il s'étoit élevé un vent affreux : tout servoit à augmenter pour moi l'horreur du tableau. Je m'arrête à quelque distance de cette prison, & mesure des yeux la hauteur des murs qui la défendent. Cet aspect, en m'épouvantant, m'attache, me fixe, & je reste immobile dans cette contemplation, espérant toujours que je pourrois être apperçu de Madame de Senanges....

Peut-être en ce moment, disois-je en moi-même, peut-être occupai-je sa pensée. Elle ne me croit pas aussi près d'elle ; & , quand le plus court intervalle nous sépare, elle gémit de mon absence.... Pressentimens de l'amour, parlez à son imagination ; avertissez son cœur, dites-lui que son amant erre autour de sa retraite.

J'étois absorbé dans cette idée, lorsque je vois sortir d'une des portes du couvent, un paysan jeune, d'une figure gaie, franche & ouverte, & qu'aux outils dont il étoit chargé, je reconnus pour le Jardinier de la maison. Il s'avance vers une chaumiere qui étoit à quelques pas, & que j'avois déja remarquée ; une femme [c'est la sienne] dont le travail & les intempéries de l'air n'avoient point altéré les traits, filoit sur le seuil de la cabane. Un enfant déja robuste, jouoit à ses côtés. Du plus loin qu'elle voit son époux, elle vole à lui.

Son enfant qui couroit déja, dans un âge où les nôtres savent à peine marcher, est aussi-tôt qu'elle dans les bras de son pere, qui les caresse, les baise tour-à-tour, & trouve ainsi dans le plaisir qu'il fait à deux êtres innocens, la récompense de ses travaux.

Ce tableau devant lequel mon cœur se seroit épanoui dans tout autre tems, le resserre, le replie sur lui-même, & m'abandonne à des réflexions qui m'étoient personnelles.

Ils s'aiment, disois-je, ils jouissent de la nature, & des sentimens qu'elle inspire. Ils s'aiment sans être troublés dans leur amour. Leur simplicité même assure leur bonheur; & Madame de Senanges.... & moi....

A ces mots il m'échappe un soupir, qui, entendu de ces bonnes gens, leur fait prendre à moi plus d'attention..... Je m'en apperçois, m'éloigne, malgré je ne sais quel instinct secret qui m'invite à me rapprocher d'eux. Je crois, Baron, que les infortunés contractent insensiblement quelque chose de farouche; ils brûlent de dire, & tremblent d'être devinés....

La nuit commençoit à être plus sombre: je m'enfonce dans la forêt.

Le croiriez-vous? Les ténébres, le silence, qui n'étoit interrompu que par le bruit des vents, l'horreur du du lieu, le risque que je courois, n'ayant pris aucune arme, rien ne put m'arracher au charme qui m'y retenoit. J'y passai toute la nuit : ma rêverie m'emportoit loin de moi.... J'étois, si j'ose le dire, gardé par mon infortune. Il semble que les malfaiteurs respectent les jours du mortel qui est aux prises avec le sort ; ou que lui-même ne veuille pas se dessaisir de sa victime. Je me rapprochois du couvent, je me rengageois dans le bois, & me livrois au cours de mes pensées.

Soudain le son d'une cloche funêbre retentit dans les airs. C'est alors que je connus l'effroi. Alors une sueur froide se répand sur tout mon corps; je crus que j'allois expirer. Mon imagination noircie, effarouchée, me représente Madame de Senanges mourante, succombant à sa douleur. Ce son que j'avois entendu étoit pour moi le signal de ses derniers soupirs; j'erre, &, poussant des cris, je me traîne jusqu'à sa prison : je me jette aux pieds des murs qui nous séparoient; je les baigne de pleurs.... & crois embrasser son tombeau.

Le jour paroît enfin, & dissipe par degrés les vapeurs sombres dont j'étois environné. Par un de ces mouvemens qu'on n'explique pas & qui trompent rarement, je jette les yeux sur la chaumiere d'où devoit partir ma consolation. Le Jardinier en sort en chantant, &, me retrouvant sur son passage, il m'observe avec la plus avide curiosité.

Mes cheveux étoient épars, mon air égaré, mon front pâle encore des terreurs de la nuit. Il voit des pleurs tomber de mes yeux; il s'attendrit, s'approche, me demande, du ton le plus compatissant, s'il peut m'être utile. Je gémis; il me presse; je sanglotte & m'efforce envain de lui répondre; je verse un torrent de larmes; il ne peut s'empêcher d'y mêler les siennes, & je ne sus pas résister à cette marque de sensibilité.

Mon ami, lui dis-je, homme humain & généreux, tu vois mon désespoir, connois-en la cause, tu es digne de la connoître: tout ce que j'aime est là; (& je lui montrai le couvent).

Je lui nommai Madame de Senanges; mais je crus, Baron, devoir lui dire qu'elle étoit ma sœur.... J'ai eu recours à ce stratagême, pour éviter les indiscrétions, & sur-tout ne pas dégrader aux yeux de cet homme respectable, les services qu'il pouvoit me rendre & que j'en attendois. Un mari sévere & jaloux, continuai-je, m'a arraché cette sœur chérie:.. toute sa famille la pleure; elle n'est point coupable: gardes-toi de le penser; tu commettrois un crime...

Au nom de Madame de Senanges, il avoit eu de la peine à ne pas m'interrompre. Madame de Senanges, s'écria-t-il, après que j'eus cessé de parler, cette jeune Dame si prévenante, si douce!... Oh! oui, oui... je garantirois bien son innocence. Tout le monde l'aime : mais si vous la regrettez, elle n'est pas moins touchée de votre absence. Hier, en travaillant dans une allée solitaire du jardin, je l'ai surprise au travers d'une charmille, tandis qu'elle baisoit un portrait, qui sûrement étoit le vôtre : elle pleuroit de si bon cœur, que j'en étois tout attendri ; & je me retirai le plus doucement qu'il fut possible, pour lui laisser ignorer que je l'avois apperçue.

Concevez, Baron, concevez, s'il est possible, le ravissement où me jetta l'éloge naïf & le récit de cet honnête paysan.

Hé bien, mon Dieu tutélaire, tu

peux nous servir, me rendre la vie,
jouir toi-même de tout le bien que tu
auras fait. Le barbare auquel elle est
unie, a défendu qu'on lui remît aucune
des lettres qu'on pourroit lui écrire.
Favorise notre secrette correspon-
dance. Sers l'amitié, la vertu & le
malheur. Ton nom paroîtra sur la
premiere enveloppe de mes lettres
que je t'adresserai. Sur la seconde,
sera le nom de ma sœur : tu auras soin
de les lui faire tenir, & tu prendras
les siennes pour me les envoyer.

Il consent à tout : je lui demande
son nom, je lui apprends le mien. La
joie étinceloit dans ses yeux, & il
avoit l'air de m'être redevable, à l'instant même où il étoit le plus tendre,
le plus zélé des bienfaiteurs.

Ma fortune est à toi, lui dis-je.....
Que dites-vous, répliqua-t-il avec
une sorte de douleur ; ne me propo-
sez rien, vous m'ôteriez tout le plaisir.

Ce n'est pas tout ; il faut qu'avant

que je parte, tu me fasses voir Mad.
de Senanges. Ce soir, au coucher du
soleil, quand les Religieuses iront à
l'office, ne pourroit-elle point paroître à la croisée de son appartement.
Je ne veux qu'un regard, je suis heureux ; parle à Julie sa femme - de-
chambre, dis-lui que je suis ici. Mon
ami, mon cher René.....(c'est son
nom) Tu auras consolé deux cœurs
à la fois... quelle jouissance pour le
tien !

Il me promet de travailler à ce que
je lui demande, & me conseille de
disparoître jusqu'à la fin du jour : il
entre alors dans le couvent ; mais
avant de me quitter, il m'avoit mon-
tré l'appartement de Mad. de Senanges. En m'éloignant, je le regardois
toujours.

A peine ai-je fait quelques pas, je
vois, de loin, accourir le pauvre Dumont, tremblant, hors d'haleine : il
s'étoit égaré en me cherchant dans la

forêt. Il me gronda bien fort, de l'inquiétude où je l'avois mis, & je me la
suis plus d'une fois reprochée. Pour
sa consolation, je lui contai mon aventure avec une confiance qu'il méritoit.

Arrivé à notre auberge, il me pres-
sa, en vain, de prendre quelque repos :
je comptai, avec l'impatience du desir, toutes les minutes qui s'écoule-
rent jusqu'à l'heure où je devois être
instruit du succès de mon message ;
long-tems avant qu'elle sonnât, je me
mis en marche. Le premier objet que
je rencontre, est l'honnête René, qui
venoit au devant de moi pour m'informer de tout ce qu'il avoit fait.
Julie étoit instruite ; elle étoit montée
chez sa maîtresse, elle en étoit descendue, toujours en sautant de joie :
le rendez - vous étoit fixé sous les
fenêtres de sa chambre, à l'heure où
dans cette saison le jour comménce
à tomber. Dans la crainte de laisser
échapper l'instant d'où dépendoit ma

vie, je n'eus garde de m'éloigner. M'écartai-je d'un pas, je reviens avec précipitation, l'œil toujours fixé sur l'endroit où devoit m'apparoître ma belle & infortunée Maîtresse. Je tremble au bruit le plus léger, je frémis du moindre son; je crains tous les regards; j'espere, je languis, j'attends, je me meurs: elle se montre enfin.... les forces me manquent. Jamais deux amans ne se trouverent dans une situation plus douce & plus cruelle à la fois: elle me parloit des yeux; il sembloit qu'elle voulût se précipiter dans mes bras; je lui tendois les miens, j'étois à genoux; mes soupirs inarticulés montoient jusqu'à elle; ses sanglots leur répondoient: qu'elle étoit belle & touchante! Sa douleur ajoutoit encore à ses charmes! Elle se retira un moment, & me fit signe de rester: bientôt elle reparut, & me jetta un billet conçu en ces termes.

(159)

» Dieu! c'est vous!... je n'ose en
» croire mes yeux ; mon cœur m'en
» assure : que ne puis - je mourir de
» ma joie ? Mais fuyez, fuyez, cher
» amant !... votre danger, ma gloire,
» la vôtre même... Fuyez... emportez
» ma vie : voyez couler mes larmes,
» & n'y résistez pas.... Je ne peux suf-
» fire à tout ce que j'éprouve ; mon
» ame est prête à m'abandonner !....
» adieu..... »

Je couvris cette lettre de baisers &
de pleurs : le plaisir, la douleur, le
trouble & la crainte se confondoient
dans mes sens, dans mes esprits &
dans mon cœur : une porte du couvent , s'ouvrant avec fracas, força
Mad. de Senanges de disparoître : la
croisée se ferma ; tout disparut pour
moi, & je demeurai comme anéanti.

Après quelques momens , je repris
mes sens, & me traînai vers la chaumiere de René. Je me jettai dans son
sein, sans proférer une parole..... Il

comprit ce silence. Sa femme étoit touchée jusqu'aux larmes. Le souper de ces bonnes gens étoit préparé ; ils me proposerent de le partager avec moi ; je l'acceptai. Jamais le banquet le plus splendide ne me parut si délicieux, que ce repas frugal & champêtre, apprêté par la nature, offert par la bonhommie, & qui me retraçoit la simplicité des premiers âges du monde. Notre souper fini, Thérese (c'est le nom de la femme de René) se leve, prend la lampe, & me conduit au berceau de son enfant ; elle vouloit voir s'il reposoit : convenez donc, me disoit-elle, qu'il ressemble bien à son pere ; & elle baisoit le pere, à cause de la ressemblance. Baron, je laisse à votre ame le soin de développer ce tableau ; je vous l'indique, il est fini pour vous. Cher enfant de mes bienfaiteurs, m'écriai-je, pressé par la plus tendre émotion, tant que je vivrai, l'infortune ne flé-

trira

trira point tes jours ; né dans le sein de la candeur , & de l'innocence, tu as tous les titres. Dors , dors avec sécurité : d'aujourd'hui , je te prends sous ma protection. Madame de Senanges & moi, nous ne t'abandonnerons jamais. Alors je me courbai sur son berceau pour le caresser à mon tour , & j'y laissai, sans qu'on s'en apperçut, un rouleau de cinquante louis. Il falloit bien payer le port des lettres que René alloit recevoir pour moi, & qu'il devoit remettre à leur destination. Dumont m'attendoit ; je me fais un effort pour quitter ce couple respectable ; je ne pouvois me détacher de leurs embrassemens , & je voyois sur le front de René , la satisfaction intérieure d'échapper à la récompense. Je pars enfin ; mais, avant de m'éloigner , je retourne vingt fois la tête vers cette croisée où Madame de Senanges avoit paru, & que je ne voyois plus qu'avec les yeux de l'ame.

II. Partie.   L

pour lesquels les ténébres n'existent point.

Cher Baron, je suis encore au village de... C'est de ce lieu que je vous écris: ici, je suis seul, inconnu, j'y suis près d'elle: que ne puis-je y rester, y mourir, y être enseveli! Je m'en arrache demain, & c'est avec un serrement de cœur inexprimable. J'ai pourtant, ô ciel! des graces à te rendre! Un rayon de bonheur m'a lui, dans l'abîme où je suis tombé: j'ai vu encore une fois celle que j'aimerai jusqu'au dernier soupir ; j'ai trouvé moyen de lui faire parvenir l'épanchement de ma douleur: j'ai apporté quelque soulagement sous un toît rustique & dans la demeure du pauvre!... Je ne suis pas tout-à-fait malheureux.

LETTRE XXXVI.

De Mad. de Senanges au Chevalier.

JE vous ai vu!.... Dieu! quel moment! & comment vous peindre mon trouble, ma joie, ce doux frémissement, ces larmes délicieuses, qui n'ont jamais coulé que pour vous.... Mes craintes mêmes étoient des plaisirs! ah! ces souvenirs adorés ne sortiront jamais de mon cœur, il est brûlant d'amour ce cœur, il est tout entier à votre image. Sous le poids des chaînes il me fait sentir que je suis libre, puisque je vous idolâtre. Où êtes-vous? je vous appelle envain, vous ne pouvez plus m'entendre. A chaque instant qui s'écoule, à chaque pas que vous faites, vous vous éloignez de moi!... Tout-à-l'heure devant mes yeux, près de votre amante!... A présent, hélas!... ciel! voilà

une lettre de vous ! cher amant, vous
m'aimez !.. & vous osez me plaindre!
l'ingrat ! il ne sait donc pas que la
mort la plus affreuse me seroit douce,
si je la souffrois pour lui. Ah! calmez-
vous ; apprenez à vaincre le sort,
soyons au dessus du nôtre. Ne me
faites plus l'injure de vous affliger.
Peut-on nous séparer, quand l'amour
le plus tendre nous unit? & pensez-
vous que je regrette un monde qui
avoit déja disparu pour moi ? Que
l'univers, que mon persécuteur , que
le ciel même me porte envie ! j'ai,
dans ma prison, votre estime, le témoignage de ma conscience , & les
preuves les plus touchantes de votre
tendresse : que m'importent l'injustice
d'un homme & le blâme de tous ! Je
n'ai à rougir, à mes yeux, ni aux vôtres.... je rends grace à mon tyran.
Oui, ces grilles , ces verroux, le recueillement de ce cloître, ces impuis-
santes barrieres , je les chéris ; elles

me sauvent de ma foiblesse, & peut-
être redoublent mon sentiment. Tout,
dans ces lieux, tout l'accroît. J'y suis
loin d'une foule importune. J'y passe
mes jours à relire vos lettres que je
couvre de baisers: votre portrait, je
le presse sur mon cœur palpitant, qui
le dispute à mes regards; & ce n'est
point encore assez pour moi. Je vous
vois dans tous les objets qui s'offrent
à mes yeux; & je les fermerois à tout,
si je cessois de vous y trouver. O
vous! qui m'êtes apparu comme un
Dieu bienfaisant; vous, dont la présence vient d'enchanter, d'embellir
ma vie, ma solitude, tout ce qui
m'environne; cher amant, mon bien
suprême, mon seul, mon unique bien!
que ne vous dois-je pas? Les fureurs
de la jalousie, l'austere vigilance de
mes gardiennes, rien n'a pu vous arrêter, ni m'enlever au bonheur de
vous revoir.... C'est le ciel qui vous a
conduit; il protege la vertu; il par-

L iij

donne à la sensibilité que l'innocence accompagne. De quoi nous puniroit-il? S'aimer comme on l'adore, c'est lui offrir l'encens fait pour lui plaire. Oui, sa bonté veille sur nous ; il nous envoie ce paysan respectable , plus grand dans sa misere, que bien des êtres qui le dédaignent. Cet homme d'ailleurs vous a vu , il vous a parlé.... jugez de ce qu'il acquiert à mes yeux ! combien je l'aime ! il dit que mon frere est charmant ; il l'a dit à ma Julie : je me suis fait répéter cent fois ses moindres paroles.... mon frere, mon ami, mon amant, vous qui m'êtes encore plus , combien je vous sais gré du détour dont vous vous êtes servi ! Le mensonge cesse d'être une lâcheté, quand il ennoblit les services que notre bienfaiteur nous rend, & qu'il lui conserve la dignité de son caractere. J'admire, j'apprécie votre délicatesse, mais elle ne m'étonne pas.

Julie est convenue avec lui qu'elle

iroit, tous les jours, pour qu'on ne les vît point ensemble, porter mes lettres, & chercher les vôtres à une place indiquée. Comment les payer assez d'un tel bienfait? Ne nous plaignons pas: le mystere de notre commerce y répand un nouveau charme. Plus libre, on peut devenir coupable. Qui sait même, qui sait si, me voyant tous les jours, vous m'auriez autant aimée? Ah! je benis ce qui m'arrive, si je vous en suis plus chere. Adieu, adieu..... soyez calme; que je vous inspire un sentiment doux! Jouissez des plaisirs qui se présenteront, ils seront les miens: mais donnez des momens à l'amour, à son recueille- ment, à mon idée: soyez heureux!.... Ah! dites, pourriez-vous l'être sans moi?

L iv

LETTRE XXXVII.

Du Chevalier, à Mad. de Senanges.

Où suis-je? d'où vient m'avez-vous forcé de fuir, d'abandonner votre désert? qu'il est affreux celui où je me retrouve! combien j'y suis isolé, au milieu de la multitude qui s'agite autour de moi, & que je déteste, parce qu'elle me distrait, parce qu'elle envenime encore la profonde blessure de mon cœur! Où m'a - t - on entraîné? quels devoirs pénibles me lient! quelle froide étiquette m'enchaîne! Ames stériles & glacées, combien je souffre d'être parmi vous! Tout de vous est menaçant, jusqu'au rire de douleur qui avorte sur vos levres perfides; vous ne devinez le malheureux que par le desir de lui échapper. C'est dans la cabane de René, qu'on trouve les épanchemens d'une ame sensible, & les tendres larmes de la commisération; c'est-là que j'ai joui d'un instant de bonheur : me voilà retombé dans les ténebres de la mélancolie..... Hélas ! qu'est devenue celle que j'adore ? Elle pleure, & ma main ne peut sécher ses larmes ! elle gémit, & ses gémissemens ne peuvent arriver jusqu'à moi ! On l'a enlevée aux vœux d'un monde qu'elle embellissoit ; on flétrit sa jeunesse, on la condamne aux ennuis d'une solitude.... éternelle peut-être ! On attaque jusqu'à sa réputation ; & c'est pour moi, c'est par moi, qu'elle est malheureuse & déshonorée ! & je vis ! & je ne vais pas expirer sur le lieu qu'elle habite ! que fais-je ici où l'on insulte à vos chagrins, où l'on ferme l'oreille à la voix de vos défenseurs ! ce sont vos ordres que j'exécute. Quand je vous accable, il est juste que vous m'en punissiez...

Ah ! ma peine est trop cruelle. Quels objets attristent mes regards ! que l'aspect du vice est effroïable, lorsqu'on entend retentir de loin les soupirs de l'innocence ! tandis que tant de femmes, le crime dans le cœur & l'audace au front, consultent dédaigneusement sur le choix de leurs plaisirs, vous languissez dans les tourmens de la servitude ! que dis-je ? vos fers sont glorieux, & leurs jouissances empoisonnées. Votre honnêteté vous reste ; le remords ne les quitte pas ; elles se méprisent... elles sont les infortunées. Mais quoi ! n'est-il aucun moïen de briser vos fers, de s'armer contre l'injustice, de vous rendre à votre amant ?... Ecoutez, je puis tout oser, je puis tout entreprendre, la foule des périls est un aiguillon de plus pour mon amour. Je vous arracherai à votre persécuteur ; nous fuirons ensemble sous des climats où la vertu sera respectée, où la honte ne sera pas le prix des plus doux sentimens ; nous rentrerons dans tous les droits de la nature. C'est le choix du cœur qui fait la véritable patrie. En quittant la vôtre, vous se-couerez le joug des petits préjugés, des misérables bienséances qu'elle adopte, & qui ne deviennent sacrés que par le pli de l'habitude, ou les terreurs de l'éducation.... vous serez à moi. Des amans tels que nous ne sont nulle part étrangers ; ils se re-trouvent toujours ; jamais ils n'ont rien perdu. Ce projet me transporte, il m'enivre ; dites un mot, il est ac-compli.

A quoi pensé-je ? ces chimeres de mon imagination, vous ne voudrez point qu'elles se réalisent. Au moins, gardez-vous de les condamner. J'aime à repaître ma tristesse de ces illusions qui la soulagent & la trompent ; j'ai-me à me figurer des lieux, où sous un ciel pur & parmi des êtres sensibles,

nous serions libres de nous aimer.
Laissez-moi habiter un monde enfanté
par ma rêverie ; laissez-moi vous y
suivre en idée ; &, puisque le sort
nous sépare , souffrez qu'une erreur
innocente nous unisse un moment.
Hélas ! hélas ! mes larmes coulent; me
voilà rendu à la vérité. Plus vous af-
fectez de calme dans votre derniere
lettre, dans cette lettre où vous com-
mandez à votre douleur , pour épargner la mienne, plus vous ajoutez à
mon déchirement. Que je sois heureux, moi ! que je sois heureux ! c'est
vous qui me le recommandez ! vous
voulez que je goûte les plaisirs qui se
présentent ! Ah ! cruelle !... vous pleurer le jour , vous pleurer la nuit, m'a-
bîmer dans mes regrets , chérir tout
ce qui les augmente , retourner sans
cesse dans ces promenades solitaires
où je vous ai quelquefois accompagnée ; vous y appeller , y chercher
les vestiges de vos pas, couvrir de

baisers les gages précieux de votre tendresse; les voilà mes plaisirs; je n'en ai, je n'en veux point avoir d'autres. Je hais les femmes dont je suis environné; il me semble qu'elles sont toutes complices de vos malheurs; je vous les compare; jugez si je vous suis fidelle! Dans la lettre que je vous ai écrite avant de sortir du village de***, & que René a dû vous remettre, je vous parlois de l'odieuse Mad. d'Ercy; vous ne m'en dites rien : ah ! c'est un être vil que vous n'appercevez pas. O ciel ! & j'ai pu l'aimer ! moi, destiné à vous adorer! moi, qui devois sentir un jour l'enthousiasme de la vertu!

Que faites-vous dans ce moment? Tournez-vous vos regards vers le lieu où je me suis prosterné devant vous ? Les laissez-vous s'égarer sur la forêt ténébreuse où j'ai passé la plus longue des nuits ? Sentez-vous, comme moi, toutes les horreurs de notre séparation!

LETTRE XXXVIII.

De Mad. de Senanges au Chevalier.

JE voudrois vous consoler, je n'en ai plus la force. Votre présence, ce moment de bonheur, m'avoit élevé au dessus de mes maux ; mon courage a disparu avec vous ; un accablement profond lui succede. … Hélas ! nous sommes séparés… Cette porte redoutable, c'est peut-être pour toujours qu'on l'a fermée sur moi ! je ne vois point de terme à mes peines… les ai-je donc méritées ?. … Je suis privée de tout, je suis loin de vous ; ma réputation est flétrie, mon oncle désolé, je fais couler les pleurs d'une amie, & j'ai, avec tous mes malheurs, celui d'affliger ce que j'aime ! …… Ah ! quand je vous ai dit que j'étois tranquille, quand je m'applaudissois de pouvoir vous tromper, c'est en ver-

nouvelles à Madame de * * *; il m'en
coûte de ne lui pas écrire : mais si je
multiplie les messages, je crains qu'on
ne découvre le mystere de notre commerce, & je résiste aux mouvemens
de l'amitié, je me prive de ses consolations, pour me conserver au bonheur de m'entretenir avec vous. Dites-lui les raisons de mon silence &
mes regrets : son cœur fera grace au
mien ; je la connois, elle pardonnera
à l'amante, sans douter de l'amie. Je
ne vous ai point parlé de Mad. d'Ercy,
& vous vous en étonnez ! Vous hono-
rez de votre haine un objet de mépris !
Ce n'est pas votre fureur, c'est votre
pitié qu'elle doit faire naître. Le coup
horrible qu'elle nous a porté, l'avilit
à ses propres yeux. Quelques années
encore, & elle deviendra l'opprobre
de ceux dont elle est l'idole. Ses ado-
rateurs disparoîtront avec ses charmes, ses vices lui resteront, elle sera
seule dans la nature..... Nous serons

trop

sant un torrent de larmes que je vous reprochois les vôtres. .... Moi, chérir des lieux que vous n'habitez point, revoir tous les jours la lumiere, & jamais mon amant!...Vous chercher même dans les ténebres, & toujours envain! Etre innocente & soupçon- née, malheureuse & sans espoir! en- chaînée ici quand mon cœur vole vers vous, & que je vous ai défendu, que j'ai dû vous défendre d'y reparoître! Moi, ne pas haïr des tourmens dont vous souffrez, que votre douleur me rend horribles, que je ne soutiendrois pas, si vous cessiez de les partager!.... L'effort humain ne peut aller jusque- là..... Je viens de relire votre derniere lettre, & je suis plus calme. Quel- les sont tendres vos lettres! combien vous méritez d'être adoré! & je me laisse abattre par le chagrin! n'ai-je pas tort, puisque vous m'aimez? Ou- bliez un moment de foiblesse; sur- tout ne m'imitez pas. Donnez de mes

trop vengés. Vous, ne perdez jamais le souvenir du sentiment qu'elle vous avoit surpris, ni des services qu'elle vous a rendus. Rien ne dégage une ame honnête de la reconnoissance; &, dût-elle s'armer contre moi, en me défendant, il vous faudroit la respecter. Oh! mon ami, que ces déserts sont lugubres! que d'infortunées y gémissent en silence! que de vœux forcés, ou suivis d'un désespoir qu'il faut dévorer! Les soupirs y sont interdits; on s'y cache le jour; les nuits sont interrompues par des sanglots, ou plutôt les nuits y sont éternelles! Hé bien! ces redoutables asyles, je les ai chéris un moment. Mes yeux sont toujours attachés sur la place que vous y occupiez, mes larmes l'ont marquée, je ne l'envisage point sans un battement de cœur, une émotion, un frémissement, dont on s'appercevroit, si je ne fuyois pas tous les regards. Julie est ma seule com-

II. Partie.   M

pagnie ; je n'en veux point d'autre. Elle me parle de vous ; j'écris tous les jours à mon oncle, il m'est prescrit de n'écrire qu'à lui. Cette occupation m'est bien douce : je partage mon tems entre mon amant & cet homme respectable. Combien il m'inquiete ! les soins de sa niece lui manquent ; on l'a arraché de ses bras comme une criminelle ; sa délicatesse & son cœur ont souffert ; sa santé mal affermie..... De quelque côté que je me tourne, des sujets de douleur s'offrent à moi. Que nous sommes loin l'un de l'autre ! Que je suis à plaindre, & que j'ai peu de fermeté ! soyez plus courageux que moi. Ce n'est pas ma situation qui me désespere, c'est votre absence. Ménagez vos jours, si vous voulez reculer le terme des miens.

LETTRE XXXIX.

Du Commandeur, à Madame de Senanges.

M. de Senanges chez qui je suis, ma chere sœur, vient d'écrire à l'Abbesse de votre Couvent, & je mets ma lettre sous la même enveloppe que la sienne, afin qu'elle vous soit remise plus sûrement. Je suis attendri de votre infortune, & je ne néglige pas vos intérêts. J'aime mon frere ; mais la tendresse que je lui dois n'a point étouffé celle que j'ai pour vous. Je vous plains, je fais plus. Depuis votre détention, je n'ai point quitté votre mari, dans l'espérance de le fléchir, de lui ouvrir les yeux, & de vous rendre la liberté. Le malheureux ! au milieu de ses fureurs, il est dévoré par son amour.

M. de Valois lui a écrit, il a reçu une lettre du Baron de ***, qui tous deux garantissent votre innocence ; il en est convaincu. Quelquefois il déteste sa violence, des pleurs roulent dans ses yeux, & il est tout prêt à pardonner ; mais soudain un sentiment contraire s'empare de lui, & il se livre à des emportemens qui me font trembler pour sa vie.

Elle me hait, dit-elle, & je serois sensible à ses maux ! Qu'elle gémisse, qu'elle expire dans les larmes, qu'elle expire en me maudissant ! que m'importe sa vertu ? c'est son amour que je voulois.... Que dis-je ? sa vertu ! elle aime un autre que moi ; & je ne les ai pas tous deux poignardés de ma main !

A ces mots il rougit, ses veines s'enflent, tout son corps est agité de convulsions ; je cours à lui, je veux le consoler, le secourir, il me repousse d'un air farouche, & quelquefois il s'enferme six heures de suite, sans que personne ose approcher de son appartement.

La chasse est la seule distraction qu'il veuille souffrir, & il semble qu'il ne la préfere qu'avec le projet d'y hazarder ses jours. Il affecte de monter les chevaux les plus ombrageux, & de s'abandonner à leur fougue dans les routes les plus impraticables. Il aime à s'écarter de ses gens, & à s'égarer seul dans l'épaisseur des bois.

Je vous l'avouerai, l'état de mon frere m'attendrit jusqu'aux larmes. Sa passion en a fait un tigre ; mais alors même qu'il vous persécute, il est plus infortuné que vous : cependant c'est dans sa passion même, toute féroce, toute effrénée qu'elle est, que je trouverai les moyens de le désarmer. Ces sortes de caracteres, quand ils ont été fatigués par de fortes secousses, deviennent susceptibles d'émotions tendres. La même sensibilité qui leur met le poignard à la main, les déterminé à la campassion : c'est là que je veux l'amener ; j'en ai la certitude, si vous voulez seconder mes efforts, mes prieres, & n'être pas impitoyable à votre tour.

Il vous a proposé de retourner avec lui ; voulez-vous y consentir ? j'obtiens tout. Avant deux jours vous êtes libre ; vous rentrez dans tous vos droits aux yeux d'un monde pour lequel vous êtes faite, & où vous reparoîtrez avec éclat, quand votre mari vous aura fait lui - même la plus authentique réparation.

Ma chere sœur, réfléchissez un moment, & voyez à quels maux vous vous exposez, en perfistant dans votre animosité contre un homme de qui dépend votre existence. Il peut vous enlever jusqu'à la considération, si précieuse pour une ame comme la vôtre. Vous êtes au plus beau de votre carriere : voulez-vous la finir dans les larmes, les regrets, & j'ose dire, le

déshonneur. La femme la plus innocente ne l'est plus aux yeux du public, dès que son mari sévit contre
elle. Ce public, souvent si injuste,
devient équitable alors, parce que,
ne pouvant scruter le fond des cœurs,
il est obligé de juger sur les apparences.

Je sais tout ce que vous avez eu à
souffrir de mon frere. Je connois ses
emportemens, la violence de ses transports, & la rage de sa jalousie; mais
il a tant souffert lui-même, que ses
tourmens ont dû lui servir de leçons,
& dompter son cœur.... qui vous aime
avec idolâtrie.

Tirez au moins cet avantage de
votre solitude, de voir les choses avec
plus de sang-froid & sous un jour plus
vrai. Personne au monde ne sait mieux
que moi, combien vous êtes honnête
& irréprochable; mais prenez-y garde : votre fermeté actuelle n'est que
l'effervescence du sentiment nouveau

qui vous occupe. L'amour, dans une ame comme la vôtre, ne va point sans une sorte d'héroïsme qui ennoblit tout ce qu'il suggere, qui soutient pour le moment, & peut égarer pour le reste de la vie. Vous avez immolé au devoir la passion la plus tendre, & l'orgueil de cette victoire vous tient lieu de tout..... même du bonheur. Aveugle que vous êtes! qui sait si vous ne pleurerez pas un jour ce qui vous console aujourd'hui. Celui que vous aimez est jeune, ardent, jetté dans un tourbillon, où l'inconstance est presque de nécessité. Qui sait si, après les premiers regrets de votre absence, il ne se laissera point aller aux séductions d'un monde qui corrompt tout ce qui l'approche? Qui sait si un établissement avantageux ne l'emportera point sur les rêves affligeants d'une passion sans espoir?

Je ne cherche point à vous effrayer; mais il court deja des bruits qui pour-

roient donner du poids à mes conseils, si je voulois y croire. Encore un
coup, cessez de vous faire un Dieu,
d'un être qui, après tout, n'est qu'un
homme, c'est-à-dire toujours à la
veille d'être infidele. Je vous parle
avec une franchise un peu dure; mais
je la crois nécessaire pour fixer votre
esprit sur les objets qui doivent l'attacher davantage, & le détourner de
ceux qui vous trompent en vous eni-
vrant. Rentrez en vous-même: donnez à votre vertu des motifs aussi
nobles & plus solides. Mon frere a des
vices, j'en conviens : tâchez de les
vaincre à force de bons procédés, de
douceur & de modération. Il est une
adresse louable qui peut suppléer au
défaut de l'attrait, & il est permis
d'abuser le malade qu'on veut guérir.
Vous ne pouvez aimer celui qui fit si
long-tems, & qui fait encore le supplice de vos jours, mais vous pouvez
le plaindre, ne le point haïr, le ra-

mener par degrés, & devenir sa bien-
faitrice, en vous l'acquérant pour ami.

O combien je jouirois de sa félicité...
de la vôtre! Quelles seroient douces
les larmes que je répandrois dans votre sein, si je pouvois vous voir unis,
si je pouvois vous rendre à la société,
pour laquelle vous êtes perdus tous
deux!

Si vous persistez dans votre résolution, mon frere est condamné à une
vieillesse affreuse, que vous aurez
peut-être à vous reprocher; & vous,
au printems de vos jours, vous perdez
votre état, l'estime des honnêtes gens,
les hommages dus à vos charmes, &
tout le fruit de vos vertus. C'est pour
vous, pour vous seule que j'insiste
maintenant. Pour briser vos fers, c'est
à vous-même que je m'adresse. Dites
un mot, ils vont tomber: vous recou-
vrez vos avantages, vous sauvez mon
malheureux frere, & vous me rendez
la vie, en assurant le bonheur de la

vôtre. Répondez - moi. Senanges a
mandé à l'Abbesse qu'il vous permet-
toit de m'écrire ; j'attends votre lettre
avec la plus vive impatience ; elle décidera de votre sort ; jugez combien
elle m'intéresse !

LETTRE XL.

De Madame de Senanges , au Commandeur.

CHER Commandeur, que j'aime votre lettre, & votre procédé ! il me prouve qu'il est encore des ames honnêtes. Il m'apprend qu'on n'oublie pas toujours ceux que l'autorité opprime , & que le sort persécute. C'est le frere de M. de Senanges qui s'occupe de mes malheurs, qui songe à les terminer ! Tout son sang n'est donc point soulevé contre moi ! Ah ! prenez garde ; il finira par vous haïr, s'il peut se convaincre que vous ne me détestez pas. Il voudroit m'enlever le peu d'amis qui me restent ; il voudroit mettre le dernier trait à mon infortune, en me fermant tous les cœurs qui me plaignent , & cherchent à me consoler.

(189)

Dieu ! quelle propoſition vous me
faites ! vous ne connoissez pas encore
M. de Senanges, puiſque vous me conseillez de retourner avec lui. J'ai été,
pendant sept ans, en butté aux orages
de cette ame inexplicable & féroce.
Les moïens de douceur que vous me
suggérez , je les ai tous employés.
Combien de fois je me suis jettée à ses
pieds ! combien de fois je les ai trem-
pés de mes larmes , pour implorer,
je ne dis pas , sa justice , (il n'en connoît point) mais sa pitié, sa commi-
ſération pour un être qu'il accabloit ,
sans qu'il le méritât ! Il sembloit que
son courroux s'accrut, à proportion
de mes efforts & de mes prieres.

Dispensez - moi de vous raconter
les extrémités auxquelles il se portoit. En refusant de me réconcilier
avec lui, ce sont peut-être des crimes
que je lui épargne ; ce sont, au moins,
des cruautés inouies & qui surpassent
toute expression.

Son caractère peut changer . . . .
non, Commandeur, non, jamais; il
s'est aigri, avec l'âge. Il est, dites-
vous, convaincu de mon innocence....
il paroît l'être. C'est un piege qu'il
tend à votre crédulité ; il n'a plus de
droits sur la mienne. A peine aurois-
je consenti, que je verrois toutes ses
fureurs se rallumer, & elles acquére-
roient un nouveau degré de force,
par la contrainte même de cet instant
de dissimulation. C'eſt alors que mes
jours seroient affreux, que mes nuits
se consumeroient dans les sanglots,
que tous mes momens seroient mar-
qués par les horreurs de son despotisme.

Si, dans le tems que mon ame,
toute entiere à la douleur, ignoroit
jusqu'au nom de l'amour; si, dans ce
tems-là, dis-je, il se défioit de mes
moindres mouvemens, de mes gestes,
de mes regards, de mes paroles les
plus innocentes; que seroit-ce à pré-

sent que mon cœur est agité par la passion la plus vive qu'on ait jamais sentie ? Il entendroit mes soupirs les plus secrets ; il liroit dans mes yeux l'expression involontaire de mon amour ; il interprêteroit mon silence, souvent plus passionné que les discours, & surprendroit, avec une rage dont j'aurois tout à craindre, jusqu'aux mystères de ma pensée. Oui, oui, Commandeur, il me devineroit, à tous les instans du jour; & peut-être moi-même n'aurois-je pas la force de lui rien cacher.

On peut abuser le malade qu'on veut guérir. Moi, l'abuser, moi! j'aimerois mieux lui donner mon cœur à dévorer, que de flétrir ce cœur qu'il n'a jamais connu par l'ombre même de la feinte. Elle me seroit insupportable; la pureté de l'intention ne corrigeroit point ce qu'elle a d'odieux pour moi, & je serois vraie, dût la mort la plus horrible être le prix de ma sincérité!

(192)

Me voilà telle que je suis. Plaignez
mes malheurs ; mais respectez mes
principes. Après des raisons aussi
fortes , pourriez-vous encore m'engager à un raccommodement qui ne
seroit qu'un prétexte à des atrocités
nouvelles. Je le sais bien , & je le
sens, avec une profonde amertume ,
M. de Senanges m'a enlevé la considération dont je jouissois , & j'ose
le dire, le prix de ma conduite ; il m'a
ôté, non pas l'honneur , mais la gloire ; cette gloire qui tient à l'opinion ;
il m'a privée de tout , & il me fait passer par un tombeau pour arriver à un
autre. Je n'ai plus de relations avec
les humains ; ils me méprisent ; ils
ignorent l'étendue de mon infortune
& la force de mes sacrifices ; mais le
témoignage de ma conscience me
reste. Il me tranquillise , il m'agguérit
contre cet opprobre apparent qui
est le vice de notre société , & non un
châtiment qui doive effrayer l'innocence ;

cencé ; on n'est jamais punie que par
son cœur ; le mien eft pur.

Il existe un mortel qui partage mes
affections , mes peines , & mon courage ; un seul homme vertueux , qui
rend justice à mon honnêteté , (qui
en est la victime peut-être ;) voilà
mon Juge , voilà mon univers. Oui ,
j'aime, Commandeur , & cet amour
est trop noble pour que je rougisse
d'en faire l'aveu. Etois-je donc la seule
femme au monde que la nature con-
damnât à ne rien aimer ? On a livré
mon enfance au plus impitoyable des
époux. Je n'ai connu , avec lui , que
les frémissemens de la crainte , les
terreurs de l'antipathie , & la rigueur
des devoirs qu'aucun charme n'adou-
cissoit. Après cette épreuve épouvantable, j'ai joui d'un moment de liberté : j'ai cru qu'elle étoit le bien suprême ; j'ai épuisé tous les plaisirs de la
dissipation ; j'ai , en quelque sorte ,
effleuré la surface du bonheur : mais

II. Partie.   N

le calme où mon ame sommeilloit,
devint bientôt une langueur pénible.
J'apperçus, ou plutôt je sentis le vuide
de ces amusemens frivoles qui m'a-
voient séduite; des soupirs, qui n'a-
voient point d'objet, m'échappoient
quelquefois, & je souhaitois involon-
tairement de rencontrer un être à qui
je pusse les adresser.

Il s'en présenta un qui, comme moi,
ennuyé de la pompe & du bruit, aspi-
roit à la douceur d'un sentiment dans
lequel il pût se recueillir. Je ne sais
quelle sympathie, je ne sais quelle
voix secrette du cœur, nous avertit
des rapports qui se trouvoient entre
nos deux ames, & les attira l'une à
l'autre. J'ai rencontré chez lui tout ce
que l'amour a d'honnête, de délicat,
& de généreux; il ne s'est point effa-
rouché des devoirs que j'avois à remplir & auxquels, avant tout, je voulois être fidele. Il s'est soumis aux conditions les plus cruelles qu'on puisse

imposer à un amant; & j'ai jugé de sa
tendresse par le respect qu'il avoit
pour ma gloire. Son attachement n'a
rien coûté à mes principes; il eſt ma
vie; que dis-je? Il m'eſt bien plus
qu'elle; il me rend mon malheur sup-
portable. Je prononce le nom de ce
que j'aime, & mes peines se calment.

C'eſt à vous, c'eſt au frere de M.
de Senanges que je fais de pareils
aveux; jugez si je vous eſtime; jugez
si ma confiance eſt entiere, & si je
crains qu'elle soit jamais trompée.

Ah! Commandeur, mon cher Commandeur, ne cherchez point à détruire un sentiment sans lequel je ne
serois plus. Tout le monde a droit
de m'accabler, de m'accuser.... Mon
honneur est en dépôt dans le cœur
de mon amant. C'est-là que je n'ai
rien perdu; c'eſt-là que je jouis de
tous mes droits; c'eſt-là que l'intérêt
le plus vif, & que l'estime la plus mé-

ritée me dédommagent des affronts de l’univers ; & vous voudriez me faire renoncer à la seule douceur qui me reste ! Non, non ; ne l’espérez pas : gardez-vous de croire aux bruits qui se répandent ; ils ne peuvent être que faux.... Il sait ce que j’ai fait pour lui ; il voit à quels maux je me suis exposée, plutôt que de m’arracher à mon amour ; il sait que, dans cette solitude, je n’ai d’autres ressources, pour exister encore, que de penser qu’il m’est fidele. Et il seroit ingrat !.... il ne pourroit l’être, sans devenir le plus inhumain des hommes, sans avoir quelques traits de ressemblance avec mon persécuteur.

Pourquoi voulez-vous me donner des allarmes ? Croyez-vous me gué-rir en m’effrayant ? Il est impossible qu’un cœur comme le mien se déta-che ; je n’ai donné que lui ; mais je l’ai donné sans réserve, & la mort viendra le glaçer, avant qu’il soit volage ou

moins sensible. En me rendant le Chevalier suspect, ne croyez pas me ra-
mener à un mari que je ne dois point
haïr, mais que je ne puis aimer, &
que je ne tromperai jamais.

M. de Valois, cet oncle si tendre,
cet ami si vrai, ce bienfaiteur si généreux, M. de Valois m'a fait les mêmes instances que vous ; mais j'ai vu,
aux caracteres effacés de sa lettre,
que sa main trembloit en les traçant,
& qu'il les avoit mouillés de pleurs.
J'ai vu qu'il frémissoit lui-même du
conseil qu'il me donnoit, & qu'il m'en-
gageoit à rentrer en grace avec M. de
Senanges, comme on encourage une
coupable au supplice qu'on lui prépare.

M. de Senanges!.... son idée seule
me fait frissonner. Plutôt, plutôt expirer mille fois, dans cette retraite,
que de passer mes jours déplorables
avec lui! Ici, du moins, un regard
vengeur & formidable ne s'attache

point à toutes mes actions ; la tyrannie ne s'étend point jusqu'aux émotions que mon cœur éprouve. Je puis
songer librement à ce que j'aime, je
puis me reposer à loisir sur son idée,
pleurer sur son image ; je puis m'a-
bandonner aux délicieux épanchemens de l'amitié.

Une jeune personne qu'un amour
infortuné traîna dans cette retraite,
où elle va bientôt se lier par des vœux,
a deviné mes peines, & m'a confié ses
tourmens. Nous gémissons, nous sou-
pirons ensemble, & nous trouvons,
dans cette confidence intime de nos
malheurs mutuels, la plus douce des
consolations. Hélas ! je prie le ciel
qu'il me conserve cette précieuse
amie ; sa santé languissante me fait
sans cesse trembler pour ses jours, &
je serois au désespoir qu'elle me fût
arrachée.

Laissez-moi ici, puisque vous n'a-
vez pas d'autre moyen de m'en tirer

Puisse seulement mon exemple être utile à celles dont les parens voudroient forcer l'inclination! Puissé-je être la derniere victime des nœuds mal assortis; & que mes pleurs ne soient pas perdus pour un sexe trop foible, trop opprimé, & presque toujours malheureux! Combien de femmes, à ma place, se seroient abandonnées aux désordres les plus excessifs, & auroient peut-être mérité leur sort, par le scandale de leur foiblesses! l'honneur m'a soutenue, mais en suis-je moins accablée? irréprochable à mes yeux, suis-je moins criminelle aux yeux des autres? mes fers en sont-ils moins pesans? O mon pere, mon pere! si ceux qui ne sont plus prennent quelque part aux maux de ceux qui habitent ce triste globe, combien tu dois souffrir! combien mes gémissemens doivent troubler le calme de la tombe où tu es renfermé! Vois ta fille emprisonnée, avilie aux yeux de la société, en proie aux fureurs d'un barbare.... Vois-là déchirée par tous les combats de l'honneur le plus inflexible contre la passion la plus ardente. Que dis-je? où m'égaré-je? Va, je ne te reproche rien; tu n'as point prévu les suites de ma complaisance, & de l'union fatale dont les avantages t'avoient ébloui! Au comble des revers, j'ai du moins la satisfaction de n'avoir jamais manqué au respect que je te devois, & de t'avoir prouvé, par mon obéissance, combien tu étois aimé.

Cher Commandeur, ma lettre est couverte de larmes, & je ne sais si vous pourrez la lire. Combien mon cœur est oppressé! Hélas! je vous remercie de l'intérêt généreux que vous prenez à moi; mais je ne puis vous offrir que ma reconnoissance. J'attendrai que M. de Senanges prenne enfin pitié de la malheureuse créature qu'il ne se lasse point de poursuivre; j'at-

tendrai qu'il me permette de retourner chez l'adorable M. de Valois. Si-
non je resterai ici, j'y pleurerai, s'il
le veut, jusqu'à mon heure suprême,
qui peut-être ne tardera pas long-
tems. Vous, cependant, veillez sur
les jours de votre frere; je suis loin
d'en souhaiter la fin : je desire son
bonheur, sa tranquillité, dussé-je l'a-
cheter de la mienne! Tout ce que je
vous demande, c'est de solliciter mon
retour chez mon oncle. Si vous l'ob-
tenez, je vous devrai plus que la vie,
& j'emploierai le reste de la mienne à
me rendre digne d'un tel bienfait.

LETTRE XLI.

De Mad. de Senanges au Chevalier.

CHER amant que je suis heureuse!
je viens de vous faire un sacrifice
nouveau; je viens de vous donner une
preuve nouvelle de mon amour! J'ai
reçu une lettre du Commandeur; il
me propose ma liberté, si je veux
retourner avec M. de Senanges : il
est sûr, dit-il, de le fléchir : mais
moi, j'ai fremi de cette proposition;
je l'ai rejettée. J'aime mieux gémir
quelque tems ici, que d'être condamnée à ne vous voir jamais. Si je me
reconciliois avec M. de Senanges,
nous serions séparés pour toujours ;
ma captivité seroit cent fois plus dure
que celle où je languis. Vous m'aimez,
je vous adore. On agit pour moi;
plusieurs personnes emploient en ma

faveur tout ce qu'elles ont de crédit ;
peut-être réussiront-elles ; peut-être
vous reverrai je encore. Enfin, j'ai le
plaisir de m'immoler pour vous, &
c'en est un que vous devez sentir,
puisque vous connoissez l'amour : le
mien s'augmente à tous les instans.
Votre idée me suit, elle m'enchante ;
je la porte aux pieds du sanctuaire ;
vous êtes le Dieu que j'y implore.
Mon culte est de l'idolâtrie, vous la
méritez : que ne puis-je vous dresser des autels ! Que ne puis-je voir
le monde à vos pieds, & lui donner
l'exemple !

Combien un sentiment tendre s'ap-
profondit dans la solitude ! Rien n'y
distrait l'esprit, tout y parle au
cœur ; tout y entretient cette rêverie
qui reporte l'ame sur les plaisirs passés, & lui fait un plaisir encore de sa
réflexion sur les maux présents. Oui,
cher amant, oui, quand je songe à

vous, votre seule image répand autour de moi un charme inexprimable ; je suis heureuse de l'excès de
mon amour, & de l'assurance du vôtre : je suis heureuse en dépit de
M. de Senanges, de ma prison, de
ce cloître formidable & du délaisse-
ment de l'univers. Vous m'aimez,
vous me le dites, vous m'en donnez
les preuves les plus tendres : ah ! si je
pleure, mes larmes n'ont point d'a-
mertume.

Que je chéris le bon René ! Avec
quel intérêt je suis tous ses travaux !
Sa femme ne le quitte pas ; elle est
aussi laborieuse, aussi active que lui ;
le desir d'aider son mari lui donne
des forces ; ils s'aiment, ils ne s'ap-
perçoivent point de la peine, & je
suis jalouse de leurs plaisirs.

Que ne suis-je condamnée à culti-
ver moi-même un petit enclos, que
j'habiterois avec vous ! Combien ai-

sément alors mes mains s'accoutu-
meroient aux occupations rustiques !
Jouets d'une pompeuse tyrannie, que
de femmes, ainsi que moi, préfére-
roient aux palais où elles gémissent,
un simple champ où elles pourroient
se rendre à la nature, sentir l'amour
& fuir ces goûts dépravés qui ne leur
offrent pas même une fausse image
du bonheur.

Voilà plusieurs jours que vous ne
m'avez écrit ; ce souvenir m'afflige
& m'effraie malgré moi. Ce cruel
Commandeur ! ne dit-il pas que vous
pouvez changer ? Vous changer !
Vous ! je vous soupçonnerois d'un
crime ! tout me rassure & vous justifie.
C'est moi qui suis coupable ; il est
impossible que vous le deveniez.
Adieu : je compte ces jours-ci écrire
à Madame de *** ; je m'y détermine,
& je lui dois cette preuve d'amitié.
Je lui donnerai l'adresse de René,
qui me remettra sa lettre. Quand il

est absent, sa femme qui est instruite,
est aussi exacte que lui. A propos,
elle vous remercie de votre libéralité;
René en a été furieux , & Julie a eu
bien de la peine à le consoler.

LETTRE XLII.

De Mad. de Senanges, au Chevalier.

QUELLE nuit! quelle horrible nuit! Le jour lui succede ; mais l'effroi m'en est resté. O mon ami, que cette solitude commence à me paroître affreuse! il me semble que je suis seule dans l'univers : il semble que toutes les tempêtes se soient fixées sous ce ciel ténébreux. Cette nuit, à travers le murmure des vents & le tumulte des airs, j'ai cru entendre des soupirs plaintifs & inarticulés ; je me suis levée avec précipitation ; je ne sais quelle illusion me faisoit reconnoître votre voix dans les sons lamentables qui arrivoient jusqu'à mon cœur. J'ouvre la croisée de ma chambre, je regarde, j'écoute & m'apperçois de mon erreur. Mais d'où vient

suis-je tourmentée par des rêves lu=
gubres? D'où vient qu'à mon réveil
je verse une abondance de larmes,
que rien ne peut tarir? Pourquoi le
deuil de toute la nature semble-t-il
m'annoncer quelque désastre, qui se
laisse pressentir sans que j'ose l'imaginer?

Je suis restée à ma fenêtre jusqu'au
lever du jour, les regards fixés sur la
place que vous avez occupée un instant, ou sur la forêt qui est voisine
de ces lieux , & dont l'aspect mélan-
colique entretient mes ennuis.

J'ai vu René sortir de sa cabane ;
je lui parlois des yeux, & il m'a répondu , par un signe de tête, qu'il
n'avoit rien à me remettre. Hélas !
vous ne m'écrivez plus ! craignez-vous
d'être découvert ? Est - ce que vous
m'abandonnez ? M'aimeriez - vous
moins, depuis que je suis bien malheureuse, & que je le suis pour vous ?
Pardonnez, pardonnez : je souffre, je

vous

vous le dis : à qui me plaindrois-je,
si ce n'est pas à vous ? J'espere
que j'aurai de vos nouvelles aujour-
d'hui. Que les heures sont longues
ici ! vous seul pouvez les abréger. Je
dépends de vous seul ; un mot , &
ma tristesse s'évanouit. Je souffre
trop , pour que vous négligiez les oc-
casions de me consoler. La lettre que
le Commandeur m'a écrite me désespere. Il court des bruits , dit - il, qui
pourroient donner du poids à ses
conseils. Ah , Dieu ! eh ! quels sont
donc ces bruits ? Je me forge mille
chimeres ; je me livre à mes terreurs ,
& m'allarme sans pouvoir vous accuser. Hélas ! prenez pitié de ma situation, elle est assez cruelle, sans que
votre silence ajoute à son horreur.
Mon ami, dans le monde entier, je
n'ai plus que vous. Dites, que voulez-
vous que je devienne , si vous m'ôtez
votre cœur. Vous devez savoir que
la vie ne me seroit rien sans votre

II. Partie.   O

amour. Adieu.... adieu, je n'ose vous dire à quel excès je m'inquiete ; je crains de vous accabler du fardeau de mes peines. Y seriez-vous moins sensible ?... Ai-je tout perdu ?

BILLET

Du Baron au Chevalier.

Qu'est-ce donc, Chevalier, que le bruit qui se répand dans Paris ? Vous épousez, dit-on, la Baronne de * * * ; je vous estime trop pour le croire ; mais prenez garde que ce bruit ne vienne aux oreilles de Madame de Senanges : il porteroit la mort dans son cœur.

Il y a un siecle que je n'ai entendu parler de vous ; quelle est la cause de votre silence ? J'ai reçu une réponse de Senanges. Le malheureux ! il est impossible de le désarmer. J'écris tous les jours vingt lettres ; je presse, je sollicite : la Maréchale agit ; je n'ai pas un moment de repos, & je serois bien fâché d'être tranquille. Adieu.

LETTRE XLIII.

De Mad. de Senanges, au Chevalier.

Vous me restez seul dans l'univers, & vous m'abandonnez à mes incertitudes! trois lettres sans réponses! Hélas! je ne connoissois pas le doute, que son supplice est horrible!... Moi douter! douter de votre amour; ah! pardonnez, je suis injuste. Pardonnez, cher amant, je connois votre cœur; le soupçon n'approche pas du mien... D'où vient donc que mes larmes coulent?.. que signifient votre silence & ces pressentimens qui m'épouvantent... ah! je les rejette. O ciel! j'ai pu m'y arrêter! Vos affaires, des voyages à la Cour, les devoirs de votre place, que sais-je enfin?... il vous a été impossible de m'écrire, puisque vous ne l'avez pas fait.... On m'apporte une lettre de M. de Va-

lois.…. Dieu! il me mande… ai - je
bien lu?… quelle affreuse nouvelle!…
le bruit court que vous épousez la Baronne de * * * ; mon oncle semble le
croire, mon oncle prétend… on l'a
trompé ; mais on n'abuse point une
amante…. Ne craignez pas que je vous
accuse, je suis trop malheureuse pour
ne pas compter sur vous. Rien ne
peut altérer ma confiance… cependant…. ah! si… votre changement
seroit pour moi la mort, & pour vous
le regret de toute la vie… Non, je ne
me fixe point à cette insupportable
idée. Ecrivez, écrivez - moi : dites-
moi ce que je souhaite, ce que je
sais ; dites-moi que vous m'aimerez
toujours, que cela seul est vrai; que le
reste… Ah! mon ami, quelle impos-
ture! encore une fois je n'y crois pas…
je vous adore… je suis aimée.

LETTRE XLIV.

*De Madame d'Ercy, à l'Abbesse du Couvent de * * *.*

M. de Senanges vous recommande, ma chere cousine, de veiller plus que jamais sur tous les pas, tous les mouvemens, toutes les démarches de sa femme.... Eh bien! dites-moi; comment s'accommode-t-elle de sa solitude? est-elle bien changée? Il seroit étrange qu'elle ne le fût pas. Je sais bien, pour moi, que, si l'on m'enfermoit, je serois bientôt laide, à faire peur. Commence-t-elle à l'être un peu? Ecrivez-moi ce qui en est, les moindres détails me semblent intéressants.... quand ils me viennent de vous. Je n'ai point de nouvelles à vous mander, si ce n'est le mariage du Chevalier de Versenai, avec la jolie Baronne de * * *, jeune veuve

d'un homme de qualité, très-fêtée à
la ville, & très-puissante à la cour.
Adieu, ma chere cousine, j'irai vous
voir incessamment; j'ai grand besoin
de vos conseils.

LETTRE XLV.

De Mad. de Senanges, au Chevalier.

AH ! pourquoi me rappeller au jour?... Julie, ma Julie, si mon sort te touche, laisse - moi mourir. Oui, j'abhorre tes funestes secours. Tes soins, ta pitié même, tout m'est un supplice....

Il est vrai, il est possible !.... vous m'avez trompée, vous !..... La bonne-foi n'habite donc point sur la terre ! je n'ai que l'espoir de rentrer dans son sein. Vous le voulez, vous m'y condamnez ; vous ne me laissez que cet asyle ! je ne le voulois pas croire. Une Religieuse qui m'a tou‑jours marqué plus d'affection que les autres, vient de me faire part d'un billet de son frere ; je vous l'envoie.

BILLET.

*Du Comte de * * * à sa sœur, Reli-*
*gieuse au couvent de ***.*

» JE vous apprends , ma sœur, le mariage de
» la Baronne de * * * , notre parente , avec le
» Chevalier de Versenaï , qui est déja très-
» avancé , dit-on , & fait pour aller à tout. Il
» avoit une grande passion dans le cœur pour
» une certaine femme qu'on a enlevée , & qui est ,
» je crois , dans votre Couvent; mais les charmes
» & le crédit de la Baronne ont tout éclipsé ;
» le Roi même desire ce mariage , & le Cheva-
» lier paroît enchanté d'un établissement qui lui
» promet la plus haute faveur. Comme je con-
» nois l'intérêt que vous prenez à tout ce qui
» nous arrive , je me suis hâté de vous instruire
» d'un événement , dont toute notre famille pa-
» roît très-satisfaite.

Et la cruelle pense m'avoir servie !...
O ciel !... les bruits du public arrivés
jusqu'à M. de Valois, qui est maintenant à cinquante lieues de Paris ; ceux
que l'Abbesse a répandus dans le couvent ; mes pressentimens affreux ,

tout ce que votre silence m'annon-
çoit, tout est confirmé! Je regrette
jusqu'aux tourmens de mon incerti-
de!.. C'en est fait : mes yeux s'ou-
vrent à la profondeur de l'abîme où
vous m'avez entraînée... je ne l'apper-
cevois pas : les fers, l'opprobre, la
prison, tant de peines endurées pour
vous, je les aurois chéries jusqu'à mon
dernier jour : plus mon sort avoit
d'horreur, plus je me croyois sûre
de votre foi. Je dédaignois l'opinion
des hommes ; j'aurois, dans mon délire, j'aurois bravé la vengeance céleste : ma récompense, ma gloire
étoient dans votre cœur. Que m'étoit
l'estime des autres ? j'avois la vôtre :
mais aujourd'hui, que me reste-t-il ?
dites, ai-je, dans l'univers, ai-je un
seul appui? tomberai-je aux pieds d'un
Dieu que j'offense, hélas! que j'offen-
serai toujours, puisque je ne cesserai
jamais de vous aimer? Porterai-je à
M. de Senanges le repentir de vous

avoir mal connu , des vœux coupa-
bles, un cœur désespéré, & dont le
dernier battement sera pour vous ?
Soutiendrai-je la présence d'un homme qui m'a soupçonné, d'un public
qui me méprise ? Suis-je digne encore
de mes amis ? je les ai quittés pour
vous ; jamais, jamais je ne les reverrai. C'est dans l'abandon de tout ce
qui m'est cher , que je finirai mes
jours, ces jours que je vous avois con-
sacrés , & que vous m'avez rendus
épouventables ! Vous me plaindriez ,
cruel , vous me plaindriez , si vous
aviez un cœur. Combien mes maux
se multiplient ! votre crime me rend
présens tous ceux que j'ai soufferts ;
il remet sous mes yeux, avec plus de
force encore , le spectacle funèbre
dont ils ont été les témoins.

Hélas ! dans ce séjour funeste, j'a-
vois trouvée une amie. L'attrait qui
emporte l'un vers l'autre deux malheureux, le rapport de nos situations,

celui de nos sentimens, tout nous avoit rapprochées; je goûtois une se-crette douceur à m'affliger avec elle, & de ses peines & des miennes. Eh bien ! j'en suis privée pour toujours ! elle m'a été ravie, l'infortunée ! elle espéroit trouver le repos aux pieds des autels ; trompée jusques dans cet espoir, elle n'y trouva que l'image du perfide qui l'avoit abandonnée. La retraite, l'exemple, les austérités, rien ne put calmer sa douleur, l'amitié même ne put l'adoucir ; son ame étoit mortellement blessée. Victime d'une passion payée de la plus noire ingratitude, je l'ai vue consumée de chagrin, s'éteindre dans les pleurs : je n'en versois que sur elle... alors je m'applaudissois de vous aimer. Je l'ai vue mourir dans mes bras qui es-sayoient, en la serrant, de la retenir à la vie. J'ai vu tomber, j'ai recueilli sa derniere larme ; elle étoit encore pour l'amour.... pour le barbare que

la beauté, la candeur, la vertu ne pu-
rent enchaîner. Elle est morte en
prononçant son nom, en demandant
au ciel de veiller à son bonheur. Je
n'oublierai jamais le regard tendre &
prolongé, qu'avant d'expirer elle a
jetté sur moi ; ce regard lugubre s'est
fixé sur mon cœur, il n'en sort point ;
il sembloit m'avertir que, trahie comme elle, j'irois bientôt la rejoindre.....
c'est le vœu que je porte sur sa tombe ?... Amie trop malheureuse, toi,
si digne d'un autre sort, toi que j'ai
perdue, sans doute parce que tu m'aimois, parce que tu me consolois, &
que je suis née pour souffrir !... Je te
regretterai toujours !

Mais, quoi ! elle a fini désabusée,
& je la pleure ! Il faut la suivre... il
est donc un port assuré contre vous...
il en est un ! il est un terme au malheur, & j'y touche... Je ne me connois plus ; rien n'égale le désordre
& l'égarement où je suis ; ma gloire

même , qui l'a emporté sur mon amour , sur vous !... Oui , je la déteste, & je voudrois vous en avoir fait le sacrifice , pour que vous fussiez plus coupable... Pardonnez , grand Dieu ! cet élan criminel , involontaire & promptement désavoué : mais pour m'être immolée au devoir , en suis-je moins punie ?... Qui , moi ! j'oserois me croire innocente !... hélas ! je suis au pouvoir d'un cruel ; je brûle pour un autre !.. C'est le plus inhumain des deux qui est adoré. Je mérite mon sort.... écoutez.

Dans ces instans affreux , je n'ai plus rien à cacher. J'ai perdu votre cœur ; croyez-vous que je veuille de votre estime ? Quand je faisois couler vos larmes , quand je vous résistois ; savez - vous que je partageois vos vœux ?... Oubliez ce que je viens de vous dire ; oubliez tant d'abaissement, de foiblesse..... jusqu'à mon nom....

O ciel ! tandis que je meurs désespérée, vous vous enivrez d'amour auprès d'une autre ! vous vous occupez des projets de votre ambition, & ce que je souffre est peut-être une jouissance pour vous deux ! Mais quelle ame seroit assez dure pour vouloir d'un tel hommage ? Elle ignore, sans doute, ce qu'elle me coûte ; puisse-t-elle ne le jamais éprouver ! Vos lettres, votre portrait, je vais m'en séparer ; je ne vous suis plus rien ; je ne veux rien de vous. Ah ! si en les éloignant de moi, je pouvois parvenir à vous oublier !.... Tu le voudrois, ingrat ! tu es capable de m'envier jusqu'au plaisir de mourir pour toi !

Recevez du moins, sans aversion, cette lettre trempée de mes larmes, la derniere que je vous écrirai. Jouissez de tous les biens dont vous me privez ; ces caracteres que ma main trace avec peine, vous ne les reverrez plus..... vous l'avez voulu. ... vous allez être à une autre !.... Ne me répondez pas.... vivez aussi fortuné, que j'ai vécu misérable.

LETTRE

LETTRE XLVI.

De Mad. de Senanges, à son amie.

AH! mon amie, ma tendre amie, souhaitez-moi la mort; je n'ai plus à attendre qu'elle. L'auriez - vous cru? auriez-vous seulement osé l'imaginer? Il m'abandonne; il se marie! il m'a menée dans l'abîme, il m'y laisse! il insulte à mes larmes! Qu'ai - je donc fait... que l'adorer? Heureuse ou mal-heureuse à son gré, je ne connoissois que lui dans l'univers: la pauvreté, la misere, l'abaissement, si j'y eusse été réduite pour lui, je les aurois pré-férés à l'empire du monde, dont je n'aurois voulu que pour le mettre à ses pieds, que pour vivre sous ses loix. Il étoit mon bonheur, je ne faisois des vœux que pour le sien : & voilà la femme qu'il trahit, qu'il dédaigne, qu'il oublie!.... Prenez pitié d'une

II. Partie. P

infortunée en pleurs ; qui ne tient plus à rien, qui se voit délaissée de toutes parts, & qui, respirant encore, sent d'avance les horreurs du néant. C'est mon dernier soupir que je vous envoie. Encore un coup, ne me plaignez pas de mourir ; plaignez-moi d'aimer, plaignez-moi d'idolâtrer l'ingrat qui me tue : il est le seul homme, le seul... qu'on ait jamais aimé à cet excès ! en finissant à tout, je ne m'arracherai qu'à lui. Jugez de mon égarement ! je viens d'apprendre que M. de Senanges a fait à la chasse, une chûte, qu'on m'assure être fort dangereuse. Et ce n'est pas lui qui m'occupe ! Combien je suis coupable ! tout barbare qu'il fut, il est mon époux ; je dois le plaindre, je dois trembler pour lui ; je dois oublier tout, puisque ses jours sont en danger. Ah ! je frémis de moi-même, ma foiblesse m'épouvante, & mes remords ne servent qu'à l'augmenter..... Cruel amant !

jouis à présent de tous les maux que tu m'a faits ! ce souvenir m'arrache des cris. . . . . qu'allez-vous penser de moi? Dites, dites que vous m'aimez toujours, que vous ne me méprisez pas ! J'ai besoin de cette assurance.... je l'obtiendrai. Je ne doute pas de votre cœur, il connoît le mien. Vous savez trop, si j'ai jamais mérité l'opprobre dont je suis couverte, les chagrins qui ont flétri mes jours, & le coup qui les termine. L'espoir de la faveur, un vil motif d'ambition; voilà donc ce qui m'enleve ce que j'aime !... Cette conduite est si atroce, qu'il y a des momens où je ne puis le croire coupable ; mais les bruits qui ont couru, que M, de Valois m'a mandés, qui sont parvenus jusqu'à l'Abbesse de ce couvent; le billet, l'odieux billet que j'ai lu... tout dépose contre lui. Son crime n'est que trop avéré. Cependant j'ai envoyé à Paris le Jardinier de la maison; on l'a laissé aller :

il est parti sous le prétexte qu'il vou‑
loit voir son pere qui est infirme &
mourant: il doit s'informer de tout. Je
l'attends… je me meurs; son retour
décidera de mon sort... Ma main s'af‑
foiblit, mes yeux s'obscurcissent. O
mon amie, je n'ai que la force de vous
dire un adieu... sans doute éternel.

LETTRE XLVII.

*De Madame de ***, à Madame de
-Senanges, son amie.*

Est-ce bien vous ?... est-ce vous
qui m'écrivez ? Que ces caracteres me
sont précieux ! votre main les a tracés : votre ame y respire, la mienne
s'y attache, mes pleurs les arrosent ;
je les recueille dans mon sein ; je ne
veux plus m'en séparer. Oh ! que vous
me connoissez bien ! que vous m'avez
bien jugée ! oui, oui ; je vous aime,
je vous estime toujours. Les actes de
despotisme & de violence sont des
preuves contre la sensibilité des hommes, & non contre la vertu des femmes. Votre lettre m'a pénétrée de
douleur & d'admiration. Quelle générosité dans les reproches que vous
vous faites, au sujet de M. de Senanges ! vous le plaignez, & je vous ap-

P iij

prouve : mais votre honnêteté l'accuse ; & c'est le ciel qui le punit.....
Revenons à l'objet qui vous est cher,
qui vous adore, que vous soupçonnez, & qui sûrement ne l'a pas mérité. Non, il est impossible que le
Chevalier de Versenai soit coupable
d'un crime ; il est impossible qu'un
misérable intérêt d'ambition ait avili
son ame, dénaturé son caractere ; on
ne change point ainsi. Revenez à vous ;
vous n'êtes point trahie, vous êtes
encore aimée, vous le serez toujours.
Dans la solitude, l'imagination s'effa-
rouche aisément, & le caractere de
l'infortune est de saisir les sujets de
chagrin bien plus avidement que les
motifs de consolation. Croyez-moi ;
le retour de l'homme que vous avez
envoyé dissipera vos inquiétudes. Je
réponds du Chevalier ; autant je m'en
suis défié autrefois, autant je l'estime
aujourd'hui. Vous voilà donc séparée
de la nature entiere, loin d'une société

dont vous étiez les délices, loin d'un monde à qui l'on vous proposoit pour modele ! Une terre aride, un horison borné, voilà ce qui s'offre à vos regards ! & moins vos yeux parcourent d'espace, plus vous vous perdez dans le vague de vos idées. Au nom de mes pleurs, tâchez de leur commander : que ne puis-je aller vous consoler moi-même ! Quelle prison devroit être inaccessible à l'amitié ? Si la mienne vous est chere, recevez-en le tendre témoignage : puisse-t-il adoucir vos maux ! combien leur souvenir m'afflige ! combien je vous regrette ! quel vuide vous laissez dans ma vie ! que sont devenus nos entretiens si tendres, ces épanchemens si vrais, où se déployoient pour nous tous les charmes de la confiance, tous les trésors de la douce intimité ? Quand le bonheur est perdu, que les souvenirs en sont amers ! Je suis encore à la campagne ; je crains de retourner à Paris ;

je crains de voir tous les lieux qui me retraceront votre image..... Adieu, ma tendre amie! j'espere, j'ai un pressentiment que vos maux finiront bientôt. Le Chevalier n'est point ingrat; j'en suis sûre, je vous le répete : le phantôme n'est que dans votre esprit; c'est à votre cœur à le combattre. Si vous le pouvez, écrivez-moi; ne craignez point de me parler de vos peines; j'aurois tant de plaisir à les partager!

LETTRE XLVIII.

De Mad. de Senanges au Chevalier.

R E N É ne revient point! Vous ne daignez pas même m'assurer de votre inconstance... Ah! le coup est porté... A l'heure où je vous écris, vous êtes aux pieds de votre maîtresse : offrez-lui ma douleur; offrez-lui ma vie ; elle ne sera pas longue. Oui, je suis sûre, ingrat, que tu me verrois expirer plu-tôt que d'y renoncer, & que tu ne re-cueillerois mes derniers soupirs, que pour la joie de les porter à ma rivale. Tu pleureras un jour le cœur que tu déchires. … Non ; ne versez point de larmes, n'en versez jamais ; laissez-moi pleurer seule l'erreur que j'ado-rois, l'amant que j'ai mal connu, que j'ai trop aimé. … Cette femme que vous me préférez est sans doute plus belle que moi; mais a-t-elle plus fait pour vous ? Est-ce donc mon infortune qui l'embellit ? Sont-ce mes tourmens qui assurent son triomphe ? Ne devoir qu'à vous tous les chagrins qui m'accablent, est-ce un titre pour en être abandonnée ? Je suis loin de vous reprocher mes sacrifices. Haïe, méprisée de l'univers, si j'expirois entre vos bras, si mon amant m'étoit fidele ; & l'univers, & les fureurs d'un époux, & l'avilissement même, rien ne m'empêcheroit de bénir mon sort.... Ah ! puisque vous n'étiez pas l'être sensible que le ciel devoit au cœur le plus tendre ; pourquoi vous ai-je connu ? N'étoit-ce que pour remplir mes jours d'amertume, que vous vous êtes fait adorer ? L'amitié de quelques personnes, l'estime de toutes, l'indépendance qui m'étoit chere, & la paix de l'ame ; voilà ce que j'aurois dû conserver : cependant, vous le savez, en vous immolant tout, qu'ai - je regretté ? Peines, blâme,

(235)

danger, rien ne m'arrêtoit: je ne connoissois que la crainte de vous perdre.
Avez-vous ignoré une seule de mes
démarches ? Une autre idée que la
vôtre m'occupa-t-elle jamais ? Combien de fois, détestant le joug des
bienséances & des préjugés, & tout
ce qui m'enchaînoit, j'ai envié l'état
le plus obscur, j'ai souhaité d'être
ignorée de tous, de ne fixer l'attention de personne, & d'habiter une
cabane, où ne voyant, ne recevant
que vous, j'eusse été trop heureuse!...
Hélas! vous avez tout oublié! Que
ma situation est horrible! Il est trois
heures après minuit: je suis seule; le
silence effrayant de ces lieux m'abandonne à l'horreur de mes réflexions:
un abattement morne a succédé au
déchirement d'une ame désespérée;
je ne sens, je ne distingue rien; mes
yeux sont fixes, & ne voient plus; je
n'ai point d'idées, point de mouvemens: la lampe à la lueur de laquelle

(236)

je vous écris va s'éteindre ; je vais me
retrouver dans les ténebres ; je n'aspire plus qu'après celles du tombeau,
& j'aurois déja terminé ma vie , si je
pouvois cesser d'être , sans cesser de
vous aimer. Mon sentiment m'attache
à ma douleur : mais il est tems, grand
Dieu , que vous me délivriez d'une
existence importune & détestée. Je
finirai jeune ma carriere, & je la finirai avec joie, si vous vivez heureux.
Heureux, vous !.. non, cruel, ne l'espérez pas. Quand je ne serai plus,
quand vous aurez perdu l'amante la
plus vraie , quand un sommeil éternel
aura fermé à la lumiere des yeux qui
ne s'ouvroient qu'à vous ; quand le
cœur où vous régnez ne sentira plus
l'amour ni le malheur ; vous le regret-
terez, & ne le retrouverez jamais. . . .
Adieu.

LETTRE L.

De Dumont , à Mad. de Senanges.

Madame la Vicomtesse ,

C'EST par l'ordre de mon maître que je prends la liberté de vous écrire ; il est d'une si grande foiblesse, qu'il lui est impossible de tenir une plume & de s'en servir. J'ai eu l'imprudence de lui dire, ce matin, que René étoit là, & qu'il venoit de votre part ; il m'a ordonné de l'introduire. A peine l'a-t-il apperçu , qu'il a jetté un cri de joie , & fait un bond dans son lit. René s'est approché , & M. le Chevalier l'a tenu embrassé pendant un quart - d'heure. Ils pleuroient tous deux ; & je suis encore attendri , seulement d'y songer. René m'a demandé s'il étoit vrai que M. le Chevalier allât se marier ? Je vous assure, Madame

(238)
la Vicomtesse, qu'il n'en a jamais été question. Pendant tout le tems de sa maladie, mon pauvre maître n'a été occupé que de vous ; dans son transport, il ne faisoit que prononcer votre nom. Je n'ai pas osé lui remettre vos lettres, parce que j'ai craint, Madame la Vicomtesse, que cela ne lui fît une révolution. Il n'est pas encore hors de danger, & j'aimerois mieux mourir que de le perdre. Je ne lui ai pas dit le sujet du voyage de René j'ai craint de lui donner de l'inquiétude. D'abord qu'il sera en état de lire , Madame la Vicomtesse, je lui remettrai vos lettres. L'apparition de René lui a donné tant de plaisir, qu'il en est plus malade aujourd'hui ; mais j'espere, qu'avec l'aide du ciel, il ira de mieux en mieux.... J'ai l'honneur d'être , dans cette espérance, Madame la Vicomtesse, avec le plus profond respect.

Votre très-humble , &c.

LETTRE LI.

De Mad. de Senanges au Chevalier.

QUE de coups accablants viennent frapper mon cœur! comment ai-je pu y survivre! vous étiez malade, expirant.... peut-être, hélas! vous l'êtes encore, & je vous ai soupçonné de la plus noire trahison! je ne fais que changer de supplice.... Me faudrat-il toujours trembler? Vous qui méritiez une maîtresse plus confiante : vous que j'ai offensé, recevez mes larmes, mon repentir; j'ai expié mon injustice. Vous m'avez pardonné, j'en suis sûre; mais moi, croyez - vous que je me pardonne jamais. Je meurs si je n'ai pas de meilleures nouvelles. Vivez, fût - ce même pour me haïr, vivez pour une autre, s'il le faut!.... plutôt expirer de votre inconstance que de votre perte! Je suis

comme une folle, comme une insen-
sée.... cette maison de silence & de
paix retentit de mes gémissemens.
Prosternée aux pieds des autels, je
vous demande à un Dieu que j'ai trop
oublié... pourroit-il ne pas vous rendre à mes vœux ? J'ai assez souffert ;
il est tems enfin que j'éprouve sa bonté. Ah ! si vous saviez dans quel moment votre coupable amante ne l'in-
voque.... que pour vous ! M. de Senanges est à l'extrémité. O ciel !...
conserve aussi mon barbare époux....
ne prends que moi pour victime !

LETTRE

BILLET

De M. de Senanges , à Madame de Senanges.

PEUT-ÊTRE ne serai-je plus quand vous recevrez ma lettre. Je bénis mon trépas ; il termine vos maux. Tout votre crime est de n'avoir pu m'aimer ; tout mon malheur, de n'avoir pu supporter votre haine. J'avois de l'emportement à proportion de votre indifférence ; la nature nous justifie tous deux. Elle m'absoud en vous délivrant de moi. Je me ranime pour vous rendre justice. J'emploie mes derniers soupirs à solliciter la fin de votre servitude. Puissent ces mots, tracés de ma main mourante, déposer contre votre tyran, & vous servir d'apologie ! Tous mes vices venoient de la chaleur de mon sang... la mort les glace.... je redeviens vertueux.

II. Partie.   Q

LETTRE LII.

Du Chevalier, à Mad. de Senanges.

Moi infidele! vous l'avez pu penser? vous avez pu croire ce qu'on vous a écrit! Je vous l'avoue ; on m'a pressenti sur ce mariage ; j'ai frémi quand on m'en a parlé ; voilà comme j'ai répondu. Ah! Dieu! l'ambition auroit pu me changer à ce point! pour courir après la faveur, je me serois rendu coupable de la plus noire ingratitude! J'aurois perdu votre cœur, ma propre estime, tout ce que j'aime, tout ce qui m'attache à la vie! Cruelle! en lisant vos lettres, j'ai cru que l'ombre de la mort venoit encore m'envelopper : elles ne contiennent pas un mot qui n'ait été trempé de mes larmes. Ainsi donc, innocent ou coupable, je cause toujours vos peines! le sort me plonge à demi dans le tombeau,

& il ne me rend au jour, que pour vous offrir mourante à mes yeux, d'un soupçon que vous n'auriez pas dû former, & qu'il m'étoit impossible de détruire !

Objet unique de mes pensées, de tous mes vœux, de tous mes sentimens ; que votre cœur me venge de lui-même ! le sang qui brûle dans mes veines s'arrêteroit, si vous cessiez de m'aimer ; il se glace, dès que vous me soupçonnez.

Pendant tout le cours de ma maladie, votre idée, votre seule idée a charmé mes maux ; il sembloit que mon ame abandonnât mon corps à la douleur, pour être plus entiere à l'amour. Dans le délire qui m'agitoit, c'étoit vous que j'appellois, que je voyois sans cesse : tantôt je croyois vous défendre contre des monstres prêts à vous dévorer ; tantôt, sous les plus riants ombrages, je vous couronnois de fleurs ; votre vertu moins sévere se laissoit désarmer à la voix de l'amour ; je vous pressois contre mon sein ; mon cœur étoit enivré, je vous adorois, & je sauvois ainsi la plus pure partie de moi-même des approches de la destruction.

Ciel ! qu'ai-je lu ? que m'apprend-on ? que vient-on de m'écrire ? M. de Senanges.... Est-il vrai ?...M. de Se-nanges n'est plus ! Je succombe.... Vous voilà libre...Pardonnez...je n'ose en dire davantage. Où suis-je ? Est-ce le même monde que j'habite ? Quelle barriere immense s'abaisse devant moi ! Les ténebres qui m'environ-noient s'éclaircissent, & me laissent appercevoir... N'est-ce point un rêve qui m'abuse ? ou plutôt n'est-ce point que mon mal se prolonge, & que je retombe dans le délire qui en fut la suite ?.... Non ; le ciel protege les amans vertueux... Non, ce n'est point un prestige... Dois-je vous consoler ?

Dois-je.... Que voulez-vous que je
fasse? Je m'égare.... Le désordre de
mes sens.... Une foiblesse soudaine....
Dieu! veille sur mes jours; ce n'est
pas le moment de les terminer.

LETTRE LIII.

De Mad. de Senanges au Chevalier de Versenai.

JE respire !.... Je ne tremble plus pour vos jours...... Votre seconde lettre m'en assure. Vous le savez ; & je vous le répete avec une douleur bien vraie, la mort a terminé ceux de M. de Senanges : quelle lettre il m'a écrite avant d'expirer ! L'émotion qu'elle m'a causée dure encore. Je ne puis y songer, sans un attendrissement que je serois au désespoir de ne pas sentir, & que je suis incapable de vous cacher. Que l'hymen est puissant sur les ames honnêtes ! L'infortuné ! Je voudrois pouvoir le rappeller à la vie ! Ses fureurs ne me rendoient que malheureuse ; son repentir me rend coupable. Cette lettre où il l'a déposé, cette lettre fatale & révérée, oui, oui,

je l'ai couverte de pleurs. Ah ! mon
ami, vous pouvez les condamner. Un
amant tel que vous chérit jusqu'aux
devoirs dont il est la victime. ... Je
vous aime plus que jamais ; mon
amour s'est accru par mes malheurs,
par votre danger, par mes allarmes ;
mais je dois le renfermer ; je dois re-
jetter jusqu'à l'espérance d'un bonheur qui seroit empoisonné de regrets
trop légitimes. Tant que M. de Senanges a vécu, j'ai gardé la promesse
que j'avois faite au pied des autels, de
n'être qu'à lui ; je ferai plus, je respec-
terai sa mémoire ; je justifierai ce qu'il
a fait pour moi. Il a employé ses derniers soupirs à protester en faveur de
mon innocence : je suis libre ; je n'en
abuserai pas. Je sors de ce Couvent
pour rentrer dans un autre : je vous
écrirai à tous les instans du jour ; je
vous permettrai de me répondre : mais
il faut, pour quelque tems, me priver
de votre vue, & m'arracher à ce que

j'aime. . . . . ce dernier effort est le plus horrible de tous ; la bienséance, l'honneur me le commande, & c'est à vous de m'y encourager. Mon aventure a éclaté ; elle a pu laisser des doutes sur ma conduite ; je les ferai disparoître. Si je prends un soin plus particulier de ma gloire, c'est parce qu'elle vous intéresse plus que jamais ; c'est parce que, devant vous appartenir, je veux être irréprochable aux yeux de l'univers. J'afflige votre amour, pour m'assurer votre estime. Pendant cette séparation volontaire, & dont je gémirai plus que vous, vous ne sortirez pas un instant de mon cœur. Je vous fais ici le serment inviolable, de ne respirer que pour vous, de ne penser qu'à vous, de m'en occuper sans cesse, jusqu'au jour où des liens sacrés uniront deux cœurs si bien faits l'un pour l'autre, & dignes de leur félicité par l'étendue de leurs sacrifices.

J'ai reçu hier une lettre de M. de Valois; il revient de la campagne où il étoit resté depuis que je suis ici; il compte me retrouver chez lui, & se livre d'avance au plaisir d'embrasser sa niece. Son espoir sera trompé; mais je suis sûre qu'il m'en applaudira. Il me marque que Mad. d'Ercy vient de perdre un procès qui lui enleve plus des trois quarts de sa fortune; il ajoute que les changemens arrivés dans le ministere lui ont ôté tout son crédit. Ah! mon ami, la belle occasion de nous venger! Tâchez de lui être utile. C'est elle qui a été la cause de tous mes maux; c'est elle qui, en dernier lieu, sur l'indice le plus vague, a fait courir exprès le bruit de votre prétendu mariage. Ce billet, ce billet fatal dont j'ai pensé mourir; eh bien, il avoit été concerté entre la Religieuse & elle. Cette Religieuse est une fille de qualité; on l'avoit séduite par l'espérance d'une

Abbaye, & en lui disant que c'étoit
une œuvre pieuse de m'arracher par
ce moyen à la passion que j'ai pour
vous. Après tant de noirceurs, Mad.
d'Ercy mérite bien que nous la fas-
sions rougir par nos bienfaits.

Adieu, le plus aimable & le plus
adoré des hommes : je compte sur
votre courage; & ma tendresse elle-
même vous est le garant du mien.

P. S. N'oublions pas le pauvre René;
il me sera toujours cher : qu'il me
tarde de le voir heureux ! *

---

* Il faut supposer un an entre cette lettre &
celle qui suit.

LETTRE LIV & dern.

Du Marquis de Versenai, au Baron.

C'EN est fait, cher Baron ! nous sommes unis ; elle est à moi ! .... Des organes mortels ne suffisent pas à mes transports ; concevez l'excès de mon ivresse... C'est hier que le ciel a reçu notre serment. Ce serment solemnel, si formidable pour tant d'autres, & si fortuné pour nous ; nos cœurs l'avoient fait, bien long-tems avant que nos levres l'eussent prononcé. Que cetté cérémonie m'a paru auguste & riante à la fois ! comme nos malheurs étoient devenus publics, il falloit bien qu'on s'intéressât à leur terme. Il sembloit qu'une fête qui n'étoit que pour Madame de Versenai & moi, fût celle de tous. J'entendois dire autour de nous, quelle est belle ! qu'il est heureux ! J'attachois sur elle des yeux enivrés d'amour ; les siens, baissés avec décence, laissoient échapper quelques rayons de la joie la plus pure. Son émotion l'embellissoit encore. Combien il est doux d'avouer son bonheur à l'univers, & de voir justifier son choix par le suffrage unanime ! O mon respectable ami, vous avez été le témoin, le confident de nos peines ; soyez de moitié dans nos plaisirs. Les voilà sur le rivage, ces êtres qui vous sont chers, & qui furent tant de fois sur le point de périr. Nous logeons Chez M. de Valois, sa niece ne veut jamais le quitter ; & vous, cher Baron, voudrez-vous bien nous recevoir ? Nous partons dans huit jours. Ma femme, ma maîtresse, celle que j'idolâtre plus que jamais vous ménera son amie ; nous passerons avec vous le plus beau mois de

l'année. Préparez vos berceaux ; que
vos parterres s'émaillent & se parfu-
ment pour la recevoir. Je vous pré-
senterai, dans sa seule personne, la
vertu, les grâces, l'amour & l'amitié.

F I N.

SYLVIE

ET

MOLÉSHOFF.

L'ANECDOTE *qui fait le sujet de ce Poëme est consacrée dans* RAPIN THOIRAS *& dans le* SPECTATEUR.

GELLERT *en a tiré la matiere d'un Conte sous le titre de* RHYNSOLT *&* LUCIE *; mais le fait y est entiérement dénaturé, affoibli.* POMFRET, *Poëte Anglois, l'a traité avec plus de hardiesse; il a osé s'enfoncer dans cet intérêt sombre & terrible qu'exige un pareil tableau. Ceux qui connoissent l'Original verront que je ne m'y suis point assujetti. L'Ouvrage que j'offre au Public doit à peine passer pour une imitation. Kirk, dans l'Anglois, jouit en paix du fruit de son crime: j'ai cru qu'un pareil monstre ne pouvoit rester impuni, sans révolter toutes les ames sensibles.*

SYLVIE

SYLVIE

ET

MOLÉSHOFF.

DÉPOSITAIRE fidelle de tous mes secrets, tendre amie, dont l'absence m'a été si funeste, ô ma Célie ! ame courageuse & sensible, auras-tu la force d'entendre le récit que je vais te faire ? Je crois te voir palpitante d'effroi, tomber dans les bras de tes femmes, passer de la douleur à l'indignation, frémir, pleurer, & chercher en vain ta voix mourante dans les sanglots... N'importe : je n'ai point le droit de souffrir sans que tu en sois instruite. Ton amitié réclame la moitié de mon infortune, & je dois t'affliger pour ne te point trahir. Arme-

II. Partie.　　　　　R

toi de fermeté. La scélératesse inventive des Tyrans n'imagina rien d'égal à l'atrocité dont je suis la victime. Ecoute.

Tu as vu naître l'amour de Molésoff pour la malheureuse Sylvie. Jeunesse, beauté, naissance, il avoit tout pour séduire. J'eusse résisté peut-être à ses charmes ; je me rendis à ses vertus. La valeur en lui n'étoit point cet instinct fougueux qui se joue du sang des hommes. Combien de fois il pleura dans mon sein ce devoir cruel qui l'avoit forcé d'en répandre ! combien il détestoit la gloire coupable que les armes procurent ! Avec quel épanchement de joie il soulageoit l'humanité souffrante, & foulée aux pieds trop souvent par ceux mêmes qui devroient en être les protecteurs ! voilà ce que j'aimois en lui. Jamais sympathie plus forte & plus douce n'attira deux cœurs l'un vers l'autre. Ils étoient enfin surmontés ces longs

obstacles qu'on avoit mis à notre
union ; l'hymen l'avoit consacrée.
Avec le titre d'épouse , je pouvois
avouer mon amant , & dire à l'univers: J'adore Moléshoff. Je respirois
le bonheur; j'envisageois l'avenir avec
l'ivresse de l'amour & la sécurité de
la vertu. Je ne croyois pas que le sort
pût mêler quelques nuages à cette
suite de jours sereins qui se déployoient devant moi. Illusions trop
flatteuses, formées avec lenteur & si
rapidement évanouies! que le malheur
touche de près aux rêves brillans qui
nous peignent la félicité! ô ma Celie!..

La Renommée t'a sans doute appris
que le Duc de Montmouth entraîna
dans sa révolte la Jeunesse la plus dis-
tinguée de nos cantons. Emporté par
le même délire, par ce mouvement
séditieux qui étouffe toute réflexion,
séduit sur-tout par l'amitié qui l'unis-
soit au Prince rebelle, Moléshoff suivit ses drapeaux. Le Duc a succombé;

une défaite entiere a été le prix de son audace. En vain il a fui dans les plus ténébreuses retraites; on l'en a arraché. Mon mari, plus heureux, s'étoit sauvé du champ de bataille, à la faveur d'une nuit obscure, & croyoit pouvoir échapper à la vigilance du vainqueur : vain espoir ! il a été surpris, arrêté dans sa fuite, & conduit au Général Kirk.... Quel nom ai-je prononcé? ... La fureur s'empare de mes sens... Je frissonne & brûle à la fois... Le monstre ! il aimoit qu'on gémît autour de lui; il avoit soif du sang humain; il eût voulu en emplir la coupe dont il s'enivroit dans ces repas somptueux, où la débauche étoit jointe à l'inhumanité. Il ordonnoit un assassinat d'un front aussi serein qu'un autre dispense un bienfait : son sourire étoit un signal de mort; & quand il faisoit périr des rebelles, il vengeoit moins son Roi qu'il n'obéissoit à son propre cœur, ce cœur

infernal, l'exécration des mortels, &
l'opprobre de la Divinité.

Instruits du sort de Moléshoff, attendris par son malheur, qui fut en
quelque sorte la publique infortune,
nos amis se sont empressés pour faire
suspendre son supplice pendant trois
jours seulement. Ils espéroient dans
ce court intervalle, toucher son infâme vainqueur ; tous leurs efforts ont
été inutiles. L'airain étoit plus fléxible
que ne l'étoit l'ame de cette brute,
d'autant plus redoutable, qu'elle étoit
douée d'une étincelle de raison ! il a
bravé leurs larmes ; il en a joui, il a
insulté aux soupirs de l'amitié. Que
ne peut l'amour au désespoir ? J'ai cru
que j'obtiendrois davantage : j'ai volé
à sa tente, je me suis jetté à ses genoux, & je lui ai dit, en les baignant
de pleurs :

» Heureux Guerrier, dont les armes
ont répandu la terreur dans l'un &
l'autre hémisphere, je fais des vœux

pour que la victoire ne quitte jamais vos étendards. Vous êtes ici l'arbitre & le juge des infortunés que vous avez vaincus ; triomphez d'eux une seconde fois, en leur pardonnant : écoutez la clémence ; elle sied bien sur un front couvert de lauriers. Moléshoff est au nombre de vos captifs ; son épouse est à vos pieds, & vous demande sa grace. Faites passer au Fisc tous les biens que la fortune nous a donnés ; mais rendez-moi ce que j'aime, je n'aurai rien perdu, & je vous bénirai jusqu'au dernier soupir. Le trépas de ce jeune homme n'ajouteroit rien à la gloire du Libérateur de l'Angleterre, & du Héros qui venge les Rois. Je sais que des sujets qui osent prendre les armes contre leur Souverain légitime méritent la mort. Moléshoff fut coupable, mais vous êtes généreux. C'est sa premiere faute, c'est l'amitié qui l'égara, & il n'a point à rougir au moins du sentiment

qui a causé son crime. Vous savez
quel est son courage ; vous l'avez ad-
miré vous-même. Ramené par le repentir, il peut devenir un Héros utile
à son maître, utile à sa Patrie. Faut-
il que de si belles espérances avortent
sur un échaffaud ? Mais si tous ces
motifs ne peuvent vous désarmer,
soyez sensible à ma priere, à mes
larmes, à l'excès de ma douleur. Moléshoff est mon époux ; je l'aime autant qu'il est possible d'aimer. A
peine les flambeaux de l'hymen ont
brillé pour nous. Hélas ! souffrirez-
vous que la main d'un Bourreau brise
nos liens à l'instant même qu'ils viennent de se former ? Que dis-je ? Rien
ne pourra nous désunir. Si vous ne
lui permettez pas de vivre, ordonnez
donc que je meure. Je me dévoue au
sort qui l'attend. S'il descend dans la
tombe, je l'y suis & m'y enferme à
ses côtés. Accordez-moi son pardon,
ou prononcez notre arrêt ».

R iv

»Madame, me répond Kirk d'un ton plein d'orgueil, la vie de Moléshoff dépend de ma volonté ; je puis, à mon gré, perdre ou sauver tout rebelle ; je songerai à ce que vous m'avez dit. Revenez quand la nuit couvrira ces tentes, peut-être aurai-je pitié de vos larmes. Allez rejoindre votre mari ; qu'il reprenne courage ; son crime est affreux ; mais ce n'est point la premiere fois que, prêt à punir, on s'est laissé désarmer à la voix de la Beauté ».

Chere Célie, lorsque l'ame est plongée dans la douleur, & que le désordre regne dans nos pensées, la plus légére apparence de succès fait naître l'espoir & soulage notre peine : nous croyons le danger éloigné, alors qu'il nous entoure, & l'impatience du bonheur nous en montre une perspective qui nous trompe, en nous cachant l'abîme où nous allons tomber. La réponse obscure du barbare, sans

consoler le fond de mon ame, sus-
pendit les inquiétudes de mon esprit.
Je courus & me fis ouvrir le cachot
où Moléshoff attendoit sa derniere
heure. Une lampe expirante y jettoit
par intervalle une lueur formidable &
funèbre; je crus entrer dans un tombeau. C'est à ce jour sépulcral que
j'apperçus mon époux étendu sur la
terre, absorbé dans un recueillement
sombre, & dans cette affreuse tranquillité plus effrayante que le désespoir. Dès qu'il me vit:

Fuis Sylvie, me dit-il, fuis; va
dans quelque climat lointain cacher ta
vertu; c'est ici le séjour du rebut des
hommes. Des monstres infectent l'air
qu'on y respire. La violence est leur
loi, des meurtres sont leurs amusemens. Kirk est le chef de cette bande
impie, & il mérite de l'être. Quand
on m'a dit que tu allois lui demander
ma grace, cette nouvelle a jetté mon
ame dans l'anéantissement. C'est de

cet instant sur-tout que j'ai senti toute l'horreur de ma situation. Je fus trop heureux depuis que je suis à toi pour désirer de mourir; mais je ne voudrois pas racheter la plus longue vie par la honte d'un moment. Si je ne puis sauver mes jours qu'aux dépens de mon honneur, qu'on m'ouvre le tombeau, & que Sylvie ait le courage de m'y laisser descendre. Retiens tes larmes; que ta fermeté soit la derniere preuve de ton amour. Qu'est-ce donc que la mort dont nous sommes si effrayés? C'est elle qui venge le pauvre, en frappant le riche à ses côtés, confond tous les rangs dans la même poussiere, & imprime sur les cadavres épars le sceau tardif de l'égalité. Les uns sont enlevés de cette scène tumultueuse du monde, au moment qu'ils commencent à l'entrevoir. D'autres arrivent jusqu'à l'adolescence, & se sentent frappés du coup mortel dans le sein même de leurs premiers

plaisirs ; quelques-uns sont plus long-
tems aux prises avec la vie ; & , à la
fin, consumés par la douleur, épuisés
par la vieillesse , ils soupirent, chan-
celent, tombent & disparoissent. Au
delà du tombeau est l'abîme de l'éternité. C'est le séjour des esprits déga-
gés de la substance terrestre & vile
qui nous enveloppe ; les Oracles sacrés nous disent qu'ils sont tous heureux ou malheureux. Si telle es la dif-
férence de leur destin, les bons ne
meurent pas trop tôt, ni les méchans
trop tard. Pour moi, je me soumets
aux décrets éternels de l'Etre qui m'a
jetté sur la terre pour y lutter contre
des tyrans ou des bourreaux. J'aban-
donnerai, dès qu'il le voudra, l'arène
où j'ai combattu ; me voilà prêt. O ma
Sylvie, unique objet que je regrette,
ne prends point ma constance pour
de l'insensibilité ; tu ne sais pas ce
qu'il en coûte à mon cœur, quand il
s'arme contre toi. Ton image y res-

pire en traits de flamme, & s'y enfonce plus avant, à mesure que je
veux l'en arracher; mais plus les passions sont vives, plus le sacrifice en
est pénible, moins il faut qu'on s'en
dispense. L'homme prêt à mourir se
doit plus à l'honneur qui lui survit,
qu'à tous ces biens passagers qu'il va
perdre pour jamais. Détache ta destinée de la mienne : viens, reçois mes
adieux dans ce dernier embrassement;
mais sur - tout fuis de ces lieux pro-
fanes, ils ne sont pas dignes de te pos-
séder.

Que je fuie, repris-je avec précipitation ! que je me sépare de toi ! De
toi, dont la vie est plus nécessaire à
ta Sylvie que l'air même qui l'anime !
non, ne l'espere pas; c'est la premiere
fois que tu ne seras pas obéi. Cette
nuit, peut-être, tu seras libre; laisse
agir mon amour. O mon cher Moléshoff, mon soutien, ma consolation,
ma vie ! que ferois - je sans toi ? où

irois-je ? toi-même, dans la solitude & l'abandon, tu rappellerois bientôt celle que tu aurois contrainte à te quitter.

L'heure fatale approchoit : je m'arrache des bras de mon époux, & marche vers la tente de Kirk.

Les lumieres du camp n'offroient à mes yeux que des objets épouvantables , présages sinistres du sort qui m'étoit réservé. A peine eus - je fait quelques pas , je vis , ô ma Célie ! te retracerai-je cette scène d'horreur ? je vis un vieillard étendu sur le corps de son fils unique, que des soldats venoient d'égorger. Ce malheureux pere tâchoit , d'une main défaillante, d'étancher le sang qui sortoit à gros bouillons ; il y mêloit ses larmes ; il colloit ses levres glacées sur la bouche livide de ce cher fils , comme pour le rappeller à la vie : il poussoit des cris lamentables qui se répétoient dans les ténebres , & ces cris , ces cris d'un pere, excitoient le rire féroce des assassins attroupés autour de lui.

Plus loin, une femme désolée & s'arrachant les cheveux, déploroit aux pieds d'un chêne antique & profané, la perte de son époux que l'infâme Kirk y avoit fait attacher. Cette mere inconsolable étoit entourée d'enfans consumés par la faim, qui lui tendoient leurs bras: elle n'avoit que sa douleur à partager avec eux. Ils fondoient en larmes; ils se réfugioient dans ce sein qui leur avoit donné la vie, & ne pouvoit la leur conserver. Elle fit un effort, leva avec un long soupir les yeux vers son époux, s'inclina ensuite sur ses enfans, les réunit dans ses bras, les serra contre son cœur, & expira.

J'arrive à la tente fatale, & je parois devant Kirk.

Je me suis fait instruire, me dit-il, de ce qui caractérise la trahison de Moléshoff: il est plus coupable que

les autres, & j'ai les ordres les plus
séveres de ne point épargner les rebelles tels que lui. Je frémissois......
Il continua: il faut qu'il périsse, ou
que je perde la faveur du Prince; je
veux bien m'y exposer. Demeurez
cette nuit avec moi; Moléshoff est
libre demain.

Je jettai un cri d'indignation, & recu-
lai d'horreur. Je n'ai point l'art, ajouta-
t-il, d'un ton insolemment ironique,
de charmer l'oreille & de caresser l'orgueil des Belles par des soupirs effé-
minés; je ne sais ni flatter, ni gémir.
Je me borne à deux mots: rendez-
vous à mes desirs, & vous sauvez votre mari; si vous refusez, il meurt.

Il prononça cet arrêt avec une assurance atroce qui ne me laissa pas de
doute sur l'exécution. Je tombai à ses
pieds sans connoissance. Ah! pourquoi suis-je revenue de cet état? Je
repris mes sens: un foible espoir
d'attendrir ce monstre vint même

luire à mon cœur éperdu, & je lui dis avec une sorte de fermeté :

Les mortels généreux n'exigent point de conditions honteuses de ceux qu'ils veulent sauver ; ils permettent à leurs captifs de vivre avec honneur, méprisent les actions basses & ne les proposent jamais. **La** clémence n'est belle que lorsqu'elle est désintéressée ; elle perd son prix quand elle a le crime pour motif ; & la gloire d'un esprit sublime est d'éloigner tout ce qui peut restraindre & limiter ses bienfaits. Qu'avez-vous à craindre de votre Souverain ? Une bonne action porte avec soi son excuse, & dût-elle lui nuire, il voudroit encore la récompenser. Tel est le caractere des Rois : ils applaudissent à la générosité de ceux même qu'ils chargent de leur vengeance. Est - ce sauver Moléshoff? Est-ce m'accorder une grace, que de nous déshonorer tous deux? Si vous persistez, s'il faut

que

que Molésoff périsse, si mon sort est
de pleurer son trépas, je ne balance
point : j'arroserai ses cendres des larmes de la vertu.

Hé bien, me dit-il je vais la mettre
à l'épreuve. Soldats, conduisez cette
femme sous vos tentes. C'est là,
Madame, que vous passerez la nuit.
Je ne crois pas qu'ils vous laissent
beaucoup de larmes vertùeuses à répandre sur le destin de votre époux.
Demain les premiers rayons du jour
vous l'offriront luttant contre la mort
dont vous auriez pu le sauver.

Célie, as-tu l'imagination assez
vive pour te représenter ton amie
dans cet horrible moment ? Vois-tu
mon front pâlir & rougir tour-à-tour ?
Vois-tu mes cheveux se dresser sur
ma tête ? Entends-tu ces sanglots,
ces accens lugubres, interrompus &
sourds d'une fureur qui n'osoit éclater?
Je la contraignis au point de prier
encore le barbare. Larmes, gémisse-

<table>
<tr><td>II. Partie.</td><td>S</td></tr>
</table>

mens, prieres, rien ne put l'attendrir; il ne me laissa qu'un instant. Je voyois déja Molésoff sur l'échaffaud, je le perdois sans conserver ma gloire. Ma douleur m'inspira, je m'élevai au dessus de moi-même. Je palpitai d'horreur, je tressaillis d'effroi, toutes mes veines s'enflerent de rage; mais mon époux l'emporta. Que pouvois-je faire? Ah Célie, Célie, qu'aurois-tu fait toi-même?

Il faudroit des larmes de sang pour pleurer les heures épouvantables qui se passerent jusqu'au matin : alors... ciel! ô ciel! le croiras-tu? ce monstre!.. Je ne puis, ma plume m'échappe, mon sang se glace; venez voir, me dit-il, le spectacle que je vous ai préparé : il m'entraîne; je le suis... Que vois-je? grand Dieu!.... Moléshoff entre les mains d'un bourreau!

Je tombe abîmée de douleur; on me transporte chez moi, où l'on me tint pour morte, jusqu'au milieu de la

nuit. En sortant de cette létargie profonde, j'ouvre les yeux, & crois d'a-
bord que de noires vapeurs s'étoient
emparées de mes sens. Mes regards
sont mornes & fixes. Je veux parler,
ma voix expire. J'essaie de marcher,
je retombe, & demeure immobile;
mais sûre enfin de tout ce qui me sembloit un songe, je remplis ma chambre de gémissemens, la violence de
mon désespoir me rend les forces que
j'avois perdues. Je saisis un poignard
& m'élance comme une Furie, l'œil
étincelant, les cheveux épars. Je marche dans l'ombre, seule, accompagnée des mânes de mon époux. J'arrive au camp, tout étoit calme. J'entre
dans la tente de Kirk; ses gardes som-
meilloient; lui-même, Célie, lui-même étoit endormi! Furieuse, ne crai-
gnant rien, j'approche, & lui plonge
par trois fois dans le cœur le poignard
que je tenois à la main: il ouvre les
yeux, en jettant un cri. Reconnois,

lui dis-je, reconnois la veuve de Moléshoff. Il expire.

Je fuis, à la faveur de l'obscurité. Le lendemain le Roi est informé de l'événement de la nuit. Je lui fis porter le poignard encore teint du vil sang que je venois de répandre : il plaignit mon sort, admira mon courage, & m'accorda ma grace.

Mais il n'en est point pour moi. Moléshoff n'est plus ; il faut bien que je le suive. La mort est déja dans mon sein. Chere & tendre Célie, je ne serai plus quand tu recevras cet horrible écrit ! pardonne ; j'ai voulu que ma main mourante te donnât cette preuve affreuse de mon amitié : la tienne même n'auroit pu me consoler. Adieu ! seche tes pleurs. J'ai délivré l'Angleterre d'un monstre ; j'ai vengé mon époux ; je n'ai que quelques heures à vivre : je ne suis plus à plaindre.

F I N.